U0807064

创意·创新·创业

黄 如 著

中国商业出版社

图书在版编目（CIP）数据

创意·创新·创业 / 黄如著. — 北京：中国商业出版社，2023. 8
ISBN 978 - 7 - 5208 - 2577 - 1

Ⅰ. ①创… Ⅱ. ①黄… Ⅲ. ①创业 - 教材 Ⅳ. ①F241. 4

中国国家版本馆 CIP 数据核字（2023）第 150991 号

责任编辑：聂立芳
策划编辑：张　盈

中国商业出版社出版发行
（www. zgsycb. com 100053 北京广安门内报国寺 1 号）
总编室：010 - 63180647　　编辑室：010 - 63033100
发行部：010 - 83120835/8286
新华书店经销
天津市蓟县宏图印务有限公司印刷
*
787 毫米×1092 毫米　16 开　9 印张　138 千字
2024 年 1 月第 1 版　2024 年 1 月第 1 次印刷
定价：49. 80 元
* * * *
（如有印装质量问题可更换）

前言

Preface

从本质上说，创意是一种教育方式、学习方式和思维方式的创新。创意特别强调独立思考，强调异想天开、无中生有的勇气，强调创造性的学习能力。从这个意义上说，如果不能从根本上改变传统刻板的教育方式、学习方式和思维方式，创意就只是光鲜亮丽的名片和惊世骇俗的头衔，最终必然是镜花水月一场空。

当前，我国正在大力建设创新型国家、创新型城市。在这样一个时代背景之下，大学生群体理应成为我国未来经济发展的核心参与者。因此，开展大学生创新创业教育意义重大、影响深远。从创意到创新创业实践，完全符合国家倡导的“大众创业，万众创新”的号召，也完全符合大学生适应市场竞争的客观需要。为此，必须将创新创业教育融入专业教育，培养出更多高质量的创新创业人才。

创新创业教育是一种新的教育理念，这种理念应面向全体学生，并贯穿于教育的全过程，旨在激发大学生的创新意识，培养大学生的创业精神，使创新成果借助于创业过程而得以实现。创业既是一种创造财富的过程，也是一种责任、一种使命，更是自我价值的实现。大学生在校期间就必须具备一定的创业素质和创业能力，以期为今后的人生发展奠定坚实的基础。

本书作者基于客观需要和现实考虑，对国内外众多创新创业教材进行了潜心研究，认真分析当前高校在大学生创新创业教育中存在的问题，并广泛征求了大学生创新创业者的意见和建议，在此基础上，精心编写了《创意·创新·创业》，为艺术设计类专业的专创融合教育提供普适性广、针对性强的系统理论知识与科学训练方法。

本书在编写中，主要突出三个特点。一是突出应用性。全书突出了创意及创新创业教育的基本理论及其实际应用，引导大学生在创新创业活动中培养相关的理念、掌握相关的技能。二是突出创新性。既揭示了创意的前世今生，又剖析了创业教育的灵魂本质，还阐释了艺创融合的教育之道。三是突出实战性。本书围绕大学生创新创业能力的构成，不仅提供了创新创业的具体训练方法，而且提供了艺术创作领域实施创新创业教育的丰富实例。

本书由上篇、下篇组成。上篇是“从创意到创新”，包括“创意”“创新”“创意与创新思维训练”三章；下篇是“创新创业教育与实践”，包括“创新创业教育的本质特征”“创新创业教育的体系构建”“创新创业教育的过去、现在与未来”“大学生创新创业实践”“创新创业教学案例”五章。

在编写过程中，我们参阅并借鉴了国内外作者的相关著作及研究成果，在此一并表示诚挚的谢意。由于水平和时间所限，书中难免有不足之处，欢迎广大读者批评指正。

黄　如

2022 年 8 月

目录
Contents

上篇　从创意到创新

下篇　创新创业教育与实践

上篇

从创意到创新

第一章　创　意

第一节　创意认知

一、创意的概念

所谓创意，是指借助创新思维，不断整合现有资源以便提升其固有价值的方法。通俗地说，创意就是善于独立思考，敢于提出新理念、新思路、新方法。创意是创新思维的基本前提，也是创新活动的必要条件。创意追求极致、追求优异、追求圆满。

在创意中，最关键的是创新的愿望。离开好奇心、新鲜感，就谈不上任何创意。其次，创意也离不开创新动机或创新环境。一个人的创意的形成往往需要外界的刺激。无论从事什么职业，一个人要想具备足够的创意，就必须获得相应的环境支持。如果所处的环境积极鼓励创意，而且对合理的创意给予奖赏，那么身处这个环境的人们就很容易产生各种各样的奇思妙想。正因为如此，很多企业都会制定创新激励机制，其目的就是持续不断地鼓励员工有创意。事实证明，具备足够创意的员工能在自己的本职岗位上为企业做出非同寻常的贡献。如果将视野扩展到国家，也是这样。我国政府设置各种科技进步奖项，大力倡导科技创新，积极支持创新活动，从而逐步提升国家的综合创造能力。

二、创意的评估

如何评估自己的创意呢？方法很多，以下是一种行之有效的测试方法。

1. 每到周末，因为有了闲暇时间，你常常会：

A. 邀约朋友一起看电影

B. 自己待在家里看电视

C. 外出散步或去商场购物

2. 你还记得最近一次改变发型是什么时候吗？

A. 几年前

B. 每天都会改变发型

C. 几个月前

3. 去餐馆吃饭，你往往会：

A. 点同样的菜，有时也变换一下

B. 只要有人称赞，就会点受到称赞的菜

C. 经常点不同的菜

4. 你去旅行，途中一直下雨。当亲戚询问旅行情况时，你往往会：

A. 强调还行，尽管不太理想

B. 抱怨天气太差、运气不好

C. 提到旅途中的恶劣天气，也提到美好的回忆

5. 学校为学生提供勤工俭学的机会，你往往会：

A. 尽量参与，设法从中获得经验、学会交往

B. 感觉人太多，不想参加

C. 不会申请，因为类似工作很多

6. 你与人约会，共进午餐后。对方问你接着做什么，你往往会说：

A. 随便

B. 如果对方乐意，就去看电影

C. 去一家新开的俱乐部

7. 在舞会上，你认识一位异性，你往往会：

A. 谨慎交谈，话题仅限于天气之类

B. 告诉对方自己的人生过往

C. 讲笑话给对方听，询问对方是否想跳舞

8. 如果现在有一个机会，让你以交换生的身份出国学习一年，你往往会：

A. 要求几天时间考虑

B. 立刻准备所需物品

C. 放弃这个机会，因为自己已有具体的学习计划

9. 朋友谈论他对自由的理解，不赞同他的观点的你往往会：

A. 假装附和，不愿因为说真话而伤害对方

B. 直接告诉对方自己的观点

C. 转移话题

10. 你想在鞋店里买一双简朴而实用的鞋，你往往会：

A. 买了一双自己想买的鞋

B. 买了一双牛仔靴，一点也不简朴、不实用

C. 买了一双流行鞋，只好放在那里以后穿

以下为各题选项分值：

题号	1	2	3	4	5	6	7	8	9	10
A分	1	3	3	2	1	3	2	2	3	3
B分	3	1	2	3	2	2	3	1	1	1
C分	2	2	1	1	3	1	1	3	2	2

评测分析

得24~30分：你的消极行为往往令人讨厌。你应该走出自己的小圈子，适当参与一些活动。你要知道，那些被动的活动（如看电视），很可能导致你头脑迟钝。如果有些事情不适合你，你千万不要怨天尤人，否则只会令朋友对你产生厌烦。你应当心胸宽广，敢于尝试各种合情合理、合法合度的社会活动。如果能这样做，你不仅能从中感受到快乐，而且也不会令人讨厌。

得17~23分：你基本上还算快乐，也不令人讨厌。但是，你完全可以更快乐一些，使自己更受他人欢迎一些。你不妨尝试一些从未尝试过的事情，如参观展览、报个学习班等。

得 10 ~ 17 分：你是一个非常快乐的人，往往被别人羡慕。凡是有趣的事，你不仅自己愿意去做，而且也希望别人去做。你的言行不会让朋友厌烦，始终给人乐观、开朗的印象。虽然你有难以预知的不足，但和你在一起永远不会有沉闷的感觉。

三、创意的方法

头脑风暴法是我们耳熟能详的一种创意思维。1937 年，美国人奥斯本最早提出头脑风暴法，强调借助集体思考，互相启迪思维，在较短时间内提出各种无拘无束的新颖的构思，为真正的创新打下了坚实的基础。

头脑风暴法一般采用团队的方式进行，但也可用于个人对疑难问题的思考和对解决方案的设定。头脑风暴法的基本原理是：专心致志地提出各种构想；暂时不对这些构想进行优劣评价；拓宽思维空间，主意越多、越新越好。

实际上，头脑风暴法来自头脑风暴。所谓头脑风暴，最早是一个精神病理学上的专业术语，指的是精神病患者的一种精神错乱的状态。后来，头脑风暴被用来鼓励团队成员进行无限制的自由联想和自由讨论，旨在通过观点的碰撞，激发思维的火花，进而形成新观念、新设想。

从本质上说，头脑风暴法是针对群体思维的局限而诞生的。在常规的群体决策中，由于大多数群体成员常常屈于权威，或者习惯于随大溜，便很容易形成群体思维。群体思维的主要弊端是削弱了创造力，进而损害决策质量。为了提升决策质量，管理界探索了很多改善和优化群体决策的方法。其中，头脑风暴法就是最典型的一个。

如果仔细琢磨，头脑风暴法还可以进一步分为直接头脑风暴法和质疑头脑风暴法。前者简称为头脑风暴法，后者又称为反头脑风暴法。相比之下，前者是尽可能激发思维的火花，尽可能提出各种各样的奇思妙想；后者则是严格质疑前者所提出的各种设想、各种方案，具体分析其现实的可行性。事实证明，这两者都是不可或缺的。如果缺少前者，就谈不上真正意义上的创意。如果缺少后者，那些奇思妙想也很难产生实际的效应。

采用头脑风暴法组织进行群体决策时，往往要集中召开专题会议。与会者畅所欲言，各抒己见。会议的主持者必须向与会者明确会议的主题、程序与规则，并尽力营造一种轻松愉快的氛围。对于他人的构想，暂时不发表任何意见，以免局限与会者的思维。在与会者提出尽可能多的方案之后，大家再冷静下来，用审视的眼光，逐一研判每个方案的现实可能性。如果某个方案基本可行，但又存在一些瑕疵，就可以继续发挥团队的智慧，予以弥补，最终形成创意度高、操作性强的理想方案。

第二节 创意是一场革命

什么是创意？创意就是头脑中所创造出来的某种构想。有人认为，创意好比“点子”，有助于解决实际问题；有人认为，创意好比“引子”，堪称一切创造与发明的前奏。总而言之，没有创意，就没有创新，更没有创造。从这个意义上说，创意教育属于创新教育的范畴，而建设国家和民族创新工程自然应选准创意教育这个突破口。事实上，一个国家的创意能力真实地反映了这个国家的教育状况。可以预见，随着创意教育的全面实施，现行教育体系必将迎来一场严峻的挑战。

一、创意教育不是一门课程，而是一种教育方式的革命

对于创意教育，通常的做法就是简单地开设一门相关课程。坦率地说，这种思维方式与行为方式本身就缺乏创意。毫无疑问，开设创意教育课不应排斥，但仅仅局限于此，就过于狭隘了。

从本质上说，创意是一场革命，是一种学习方式和思维方式的创新。创意具有十足的思维含金量。有了创意，才有创新，才有创造。因此，创意教育特别强调学生的独立思考，特别强调学生异想天开、无中生有的勇气，特别强调学生的创造性的学习能力。

二、创意教育不是针对少数专业，而是面向所有教育对象

如今，人们习惯于将创意教育归属于“造型艺术”“实用艺术”“产业创意”等个别领域。其实，这类教育从属于“创意艺术类专业”，但不能完全等同于创意教育。事实上，创意并不是艺术家的独特“专利”，也不仅仅是指社会职业培训机构的特殊“专业”。创意教育既包括文史哲、经管等社会科学、数理化工等自然科学的专业，也包括国民教育和职业教育。创意的普适性很广，在幼儿、小学、中学阶段就应注重对创意思维习惯的培养。因此，创意教育理应面向各类学校、各类专业，理应面向所有的教育对象。只有站在这样的层面去观照创意教育，才能促使创意教育落地生根、开花结果。

三、创意教育先要教育教师，而后才可教育学生

因此，创意教育的第一教育对象并不是学生，而是教育学生的教师。与学生相比，教师理应更加高明、更加智慧。要给学生一杯水，教师就得拥有一桶水，甚至拥有一湖水，而且理应拥有源源不断的源头活水。要想培养学生的创意思维、创意能力，身为教育者的教师就必须具备与创意教育相适应的创意思维、创意能力。显而易见，自身缺乏创意的教师是不可能培养出富有创意的学生的。

四、创意教育不是一个时间问题，而是一个空间问题

很多人都在琢磨，究竟需要多少时间才能实施创意教育。甚至有人试图制作出开展创意教育的时间表和路线图。实际上，创意教育的关键不是时间问题，而是空间问题。所谓空间问题，是指在现行的教育体制和社会环境内，究竟有多大的空间去开展创意教育。

因此，我们首先要做的就是为创意教育腾挪空间、净化空间。在这方面，新加坡的做法值得借鉴。新加坡国立大学高度重视创意教育，倡导一种“无墙文化”。所谓“无墙文化”，是指思维不设墙、概念不设墙、人才不设墙，也

是指知识的发掘、转移和应用不设墙。这其实就是一个空间问题。创意教育的特点之一，就是特别需要足够的空间。如果空间大，包容度就大，就能容下各种奇思妙想。例如，有的幼儿园小朋友画出了“绿色的太阳”，看似不合常规，但教师和父母却不能给予严厉斥责。这是因为，小朋友的这一举动证明他具备创意的雏形，一旦创意的苗头被打压、被扼杀，他将来就很难成为富有创造性的人才了。

除了腾挪空间，创意教育还需要净化空间。当前，全社会存在一种群体性的浮躁习气，进而导致学风颓丧、学术溃疡。很多所谓的学术成果，究其实质，还是低水平重复、高水平抄袭的产物。这种学术垃圾占据太多的空间，必然导致严重的“空气、土壤和水源污染”。于是，创意的幼芽就会窒息而亡，创意的园地也会迅速荒漠化。

第二章 创 新

第一节 创新的起源

所谓创新，是以新思维、新发明和新描述为特征的一种概念化过程。那么，创新概念的起源是什么？

创新概念的起源可追溯到1912年美籍经济学家熊彼特的《经济发展理论》。熊彼特在这一著作中提出，创新是指把一种新的生产要素和生产条件的“新结合”引入生产体系。它具体包括五种情况：一是引入一种新产品；二是引入一种新的生产方法；三是开辟一个新的市场；四是获得原材料；五是获得半成品。熊彼特的创新概念包含的范围很广，涉及技术性变化的创新及非技术性变化的创新。

到20世纪60年代，新技术革命迅猛发展。美国经济学家华尔特·罗斯托提出“起飞”六阶段理论，将“创新”的概念发展为“技术创新”，将“技术创新”提高到“创新”的主导地位。

1962年，伊诺思在《石油加工业中的发明与创新》一文中首次明确地对技术创新下了定义：“技术创新是几种行为综合的结果，这些行为包括发明的选择、资本投入保证、组织建立、制订计划、招用工人和开辟市场等。”伊诺思是从行为集合的角度来下定义的。首次从创新时序过程角度来定义技术创新的林恩则认为，技术创新是“始于对技术的商业潜力的认识而终于将其完全转化为商业化产品的整个行为过程。”

美国国家科学基金会（National Science Foundation of U. S. A.）从20世纪60年代开始兴起并组织对技术的变革和技术创新的研究，迈尔斯（S. Myers）

和马奎斯（D. G. Marquis）是主要的倡议者和参与者。他们在 1969 年的研究报告《成功的工业创新》中，将创新定义为技术变革的集合。他们认为，技术创新是一个复杂的活动过程，从新思想、新概念开始，通过不断地解决各种问题，最终使一个有经济价值和社会价值的新项目得到实际的成功应用。到 70 年代下半期，他们对技术创新的界定大大扩宽了，在 NSF 报告《1976 年：科学指示器》中，将创新定义为“技术创新是将新的或改进的产品、过程或服务引入市场”。这就明确地将模仿和不需要引入新技术知识的改进作为最终层次上的两类创新而划入技术创新定义范围中。

自 20 世纪七八十年代开始，有关创新的研究进一步深入，开始形成系统的理论。厄特巴克（J. M. UMerback）在 70 年代的创新研究中独树一帜，他在 1974 年发表的《产业创新与技术扩散》中认为，“与发明或技术样品相区别，创新就是技术的实际采用或首次应用”。缪尔赛在 80 年代中期对技术创新概念作了系统的整理分析，在此基础上，他认为，“技术创新是以其构思新颖性和成功实现为特征的有意义的非连续性事件”。

著名学者弗里曼（Freeman）把创新对象基本上限定为规范化的重要创新。他从经济学的角度考虑创新，认为技术创新在经济学上的意义只是包括新产品、新过程、新系统、新装备等形式在内的技术向商业化实现的首次转化。他在 1973 年发表的《工业创新中的成功与失败研究》中认为，“技术创新是技术的、工艺的和商业化的全过程，其促使新产品的市场实现和新技术工艺与装备的商业化应用”。其后，他在 1982 年的《工业创新经济学》修订本中明确指出，技术创新就是指新产品、新过程、新系统、新服务的首次商业性转化。

我国自 20 世纪 80 年代以来开展了技术创新方面的研究。傅家骥先生对技术创新的定义是：企业家抓住市场的潜在盈利机会，以获取商业利益为目标，重新组织生产条件和要素，建立起效能更强、效率更高和费用更低的生产经营方法，从而推出新的产品、新的生产（工艺）方法、开辟新的市场，获得新的原材料或半成品供给来源或建立企业新的组织，它包括科技、组织、商业和金融等一系列活动的综合过程。此定义是从企业的角度给出的。彭玉冰、白国红从企业的角度为技术创新下了定义："企业技术创新是企业家对生产要素、生产条件、生产组织进行重新组合，以建立效能更好、效率更高的新生产体系，获得更大利润的过程。"

真正的创新、成功的创新一定是和开放后的"流出"有关系的。也就是说，必须造成信息的流出。

比如美国的麦当劳，它既是一个快餐店，也包含一种文化，它能在全球许多地方开分店。麦当劳的食物属于什么餐？是正宗的西餐吗？肯定不是，那会让西方正宗的西餐大师脸红的。因此，只能叫它麦当劳餐了。中国现在也有快餐店模仿麦当劳，有的在国内也相当成功，店开得到处都是，这仍然属于"拷贝"。不妨设想一下，将来国内能不能有一种更新型的饭店，里面卖的东西，你说不上它是中餐还是西餐，不强调正宗不正宗，但能够开到全世界各地，让全世界各地都能见到。只有那样，才算是真正的创新，才算是创新成功了。

比如说经济学，我国能不能创立一个全新的学派，有质的突破的经济学。不仅如此，还能解决问题，还能流传到全世界，使得国外的许多经济学家发表论文的时候，就引用我们经济学家的理论，甚至我国能够经常派出经济学家去指导其他国家的经济。如果做到这一点，也是一种创新。

第二节　创新的内涵

创新理论重要的开拓者熊彼特在《经济发展理论——对利润、资本、信贷、利息和经济周期的考察》中，从经济学的视角对创新进行了定义。他将创新视为新的生产函数建立的过程，即在企业现有的生产体系中引入新的生产要素、生产条件等，从而形成新的组合。熊彼特认为，创新具有内生性和非连续的特性，并且创新带来的结果是"创造性毁灭"。

管理学大师德鲁克对创新的定义更为宽泛，他认为所有可以使已有资源获得创造财富能力的行为都属于创新。根据创新载体的不同，他将创新分成技术创新和社会创新。技术创新是为已有的自然物找到新的应用场景、创造新的经济价值，主要发生在自然界。社会创新是指创造出新的管理机制与手段，通过资源配置的优化获得更高的社会价值，主要发生在经济与社会中。

随着创新在社会经济发展中的作用越来越重要，目前常按性质和内容对其进行分类。按照性质分类，创新可分为激进式创新、渐进式创新、结构式创新、模块式创新。激进式创新也称突破式创新或不连续创新，是一种革命性的创新，对现有的资源、系统产生较大冲击；渐进式创新是在相当长的时间里缓慢发生的改变，以调整和改善为主，创新的过程相对稳定；结构式创新主要改变系统内部件之间的联系；模块式创新只针对系统中某个部件进行变革，对系统整体的结构影响不大。按照内容分类，创新可分为产品创新、技术创新、组织和机制创新、管理创新、营销创新、文化创新、制度创新、供应链创新、战略创新。产品创新的载体是企业生产的产品或提供的服务；技术创新包括生产的工艺、流程优化与革新；组织和机制创新主要是针对企业内部组织结构进行调整，最大限度地发挥员工的主观能动性；管理创新包括管理方法、管理信息系统等方面的创新；营销创新包括营销方法、营销渠道等创新；文化创新则是对企业价值观、员工行为规范、企业行为进行创新；战略创新主要集中在企业战略的制定、执行与评估过程。

此外，根据创新对象不同，可以分为产品创新和过程创新，分别针对产品和生产过程的优化与创新；根据创新发生的时间，可以分为率先创新和模仿创新；根据企业创新的动力不同，可以分为需求拉动型创新、技术推动型创新和两者综合创新；根据创新主体不同，可以分为自主创新和合作创新。

第三章　创意与创新思维训练

第一节　如何培养创意

目前，大学生普遍存在的短板是只注重理论而轻视实践。这就直接导致大多数大学生的创新能力偏低，给大学生未来的长足发展带来种种限制。在这种情况下，大学生有必要重新补上创意教育这一课。那么，如何培养创意呢？

一、掌握专业知识

研究表明，优秀的创新成果往往具有很高的科技含量。离开坚实的专业基础，就难以进行创新发明。因此，大学生在大学期间，必须打好专业基础。这里所说的专业基础包括两个方面：一是常规的基础，如数学、英语、计算机和互联网的使用；二是本专业的基础课程。实际上，大多数创新成果都源自专业基础知识的深层组合。即使想要研究高深的应用技术，也不得不首先打好坚实的专业基础。因此，打好专业基础是大学生培养创意的必由之路，不可等闲视之。当然，我们也不能走向另一个极端，只注重专业基础知识的学习，而忽视了对专业基础知识的延伸。对于本专业的前沿理论成果、最新实践探索，都要高度关注。这也是我们掌握专业知识的题中应有之义。

二、培养科学习惯

观察发现，那些优秀的科学家之所以能持续不断地获取新成果、新成就，关键在于他们拥有对事物的浓厚兴趣和对科学的执着追求。如果说得更通俗、更具体一点，我们不妨这样理解：这些优秀的科学家的与众不同之处，其中之一就是具备科学的习惯。对于大学生来说，首先，应当养成研究的习惯。要彻底摒弃社会中的浮躁习气，将精力转移到对相关问题的研究之上。只要持之以恒地进行研究，日积月累，就终会获得可喜的研究进展。其次，应当养成思维的习惯。要注重思维的广度、深度、精准度、敏捷度、发散度、跳跃度。有时，遇到问题，完全可以采用逆向思维，不断培养自己的直觉，及时记录思维的灵感火花。最后，应当养成学习的习惯。学无止境，这对科学研究来说，更是金科玉律。一个人所掌握的知识好比一个圆圈，掌握得越多，这个圆圈就越大，接触的未知的领域就越大。这就是那些大科学家越高明就越谦虚的真正原因。这种谦虚，不仅是一种美德，更是一种真实的自知之明。

三、营造创新氛围

大学生培养自己的创意，往往需要一定的环境支持。为此，必须营造一种创新的氛围。在这种创新氛围里，大学生很容易产生创新的意识和灵感。大学期间，大学生应积极主动地参与创新团体的建设，积极主动地参与宿舍文化、班级文化、社团文化的塑造。对于大学生来说，大学里的环境资源是非常宝贵的，理应充分利用。无论是图书馆还是实验室，都有助于大学生培养自己的创意。除此之外，大学生不要将自己局限于大学校园，而应走出校门、走进社会，广泛开展社会调研，真正将所学的理论与实践紧密地结合起来。在这个过程中，大学生很容易培养自己的创意，更好地提出问题、分析问题、解决问题。

第二节　创新思维认知

一、什么是创新思维

所谓创新思维，又称创造性思维，是指对处理某件事情的不同寻常、卓有成效的思维方式和思维过程。事实上，创新思维属于相对概念，它是与常规思维相提并论的。

一般说来，人的能力高低主要源自思维能力的高低。因此，创新能力的核心就是创新思维。通俗地说，创新的过程大致可以分为两步：第一步是想；第二步是做。这里所谓的“想”，是指创新的思维过程；这里所谓的“做”，是指将创新思维转化为行动并获得预期结果的过程。

从本质上说，创新思维是建立在常规思维的基础之上的，它是思维活动中最积极、最重要、最高级的形式，是人类探索宇宙自然，获取新知识、新能力、新成果的有效手段。德国物理学家普朗克指出：“思考可以构成一座桥，让我们通向新知识。”这里所说的“思考”，实际上就是指创新思维。

二、常规思维与创新思维的特点

创新思维是与常规思维相提并论的。因此，要想认识创新思维的特点，首先就要了解常规思维的特点。常规思维之所以被称为“常规”，是因为它具有思维的习惯性、单向性和逻辑性。

（一）常规思维的特点

1. 常规思维的习惯性

思维具有习惯性，这就是我们常说的思维定式。说到思维定式，很多人认为是一种思维障碍，这是偏颇的。在一般情况下，思维定式不仅大量存在，而且自有其价值。事实上，绝大多数人的绝大多数行为都是思维定式的结果。这就是常规思维的习惯性。应该说，常规思维的这种习惯性与我们是亦友亦敌的关系：既可以成为我们的“助手”，也可以成为我们的“敌人”。既然是“助手”，就有助于我们解决实际问题；既然是“敌人”，就往往将我们的思维引入歧途。

有一个全世界通行的交通规则，那就是“红灯停，绿灯行”。久而久之，人们无论在哪里，只要看到红色的信号灯，都会自然而然地产生“停止”的行为反应。类似这样的思维定式是必不可少的，有助于在很多场合规范个体的行为，形成良好的秩序，不仅应当予以肯定，而且还应大力提倡。但在非常规领域的工作中，这种常规思维就显示出弊端了，远远不如创新思维更有实用价值。

2. 常规思维的单向性

如果注意观察，就会发现一个有趣的现象。有时候，屋外的蝴蝶会轻而易举地从敞开的窗户飞进屋里，却很难顺利地飞出去。蝴蝶为了飞出屋外，会一圈又一圈地飞舞，左右冲撞，就是很难成功。这究竟是怎么回事呢？

科学家研究发现，蝴蝶一旦进入建筑物，就习惯于往高处飞，因为蝴蝶总以为出口在最高处。由此可见，蝴蝶之所以被困在屋里，正是源于它的单向思维——总是往高处飞，而不肯往低处飞。

如果与蝴蝶相比，成群结队的马嘉鱼的执着程度就更深了，简直就是“一条道走到黑”“一棵树上吊死”“撞了南墙也不回头”的典型。马嘉鱼平时生活在深海里，到了春夏之交的产卵期，就会随着海潮来到浅海。渔民有一个捕捉马嘉鱼的简单实用的方法：用竹帘拦截，下端系着铁坠，竹帘上有许多粗松的孔。马嘉鱼只会往前游，不肯转弯，更不愿后退。因此，即使前面有天罗地网，马嘉鱼也会前赴后继地拼命往前冲，其结果可想而知。

我们不必嘲笑马嘉鱼的固执、迂腐。反思一下，我们很多时候不也同样具备这种“马嘉鱼思维”吗？其实，这种“马嘉鱼思维”就体现了常规思维的单向性。

3. 常规思维的逻辑性

所谓思维的逻辑性，是指思维所遵循的固有的常理、固定的模式。显而易见，逻辑思维是一种基本思维，也是一种重要思维。事实上，所有的创新思维最终都要通过逻辑思维转化成可以准确表达、具体执行的东西。但必须强调的是，单纯的逻辑思维是无法实现思维创新的。

（二）创新思维的特点

了解了常规思维的特点，就很容易推导出创新思维的特点。创新思维具有三个特点，即多向性、非定式性和非逻辑性。

1. 创新思维的多向性

创新思维的多向性主要表现在：遇到问题时，不是一门心思地只进行单向探索，而是选择多个角度、多个渠道、多个因素进行多向探索。

2. 创新思维的非定式性

创新思维的非定式性充分体现了创新思维的开放性。举个例子，在制作元宵时，如果是采用常规思维，那么大小、颜色是相差无几的，但如果是采用创新思维，那就千差万别了：在大小上，既可以有乒乓球大小的元宵，也可以有弹球大小的元宵；在颜色上，不仅可以有白色元宵，而且还可以有赤、橙、黄、绿、青、蓝、紫等各种颜色的元宵，甚至有几种颜色组合的元宵。这看似儿戏，但其中蕴含的思维特质却不可小觑。

3. 创新思维的非逻辑性

从某种意义上说，非逻辑性是创新思维与常规思维的重要分水岭。历史上，大凡创新思维，往往不符合逻辑，往往超出常规思维，往往不被主流思想接受。无论是政治上的各种变法，还是科学上的各种学说，其中很多在当时被认为是异端邪说，很多年后才被世人普遍接受。这就证明，这些创新思维确实具备非逻辑性的特质。当然，我们也不难得出另一个结论：凡是非逻辑性思维，都是创新思维。那么，如何衡量与评判呢？一切以社会实践为检验标准。

三、创新思维产生的条件

（一）发现问题，寻找对策

要想具备创新思维，一要培养创新精神，二要形成问题意识。从某种意义上说，任何创新思维都源于问题意识。因此，善于发现问题、寻找对策是创新思维产生的必要条件。

什么是时间？什么是空间？对此，似乎人人都一清二楚。事实上，牛顿在经典力学中早就进行了诠释。可是，爱因斯坦却说：“时间、空间究竟是什么？

别人早就清楚了，我却一直没搞清楚。于是，我始终琢磨这个问题，结果就比别人钻研得更深一些。”正因为爱因斯坦持之以恒地钻研别人熟视无睹的问题，才促使他最终创立了“相对论”。难怪有人说，能发现问题就等于解决了一半问题。

要培养问题意识，还必须克服虚荣心理。很多时候，我们并非看不到问题的存在，而是不好意思去深究。对于一些看似简单的问题，我们不敢提出疑问，生怕被别人笑话，因而错过了许多创新的良机。

研究那些成功人士，就会发现他们都具备一个共同点：都具有良好的问题意识，能发现别人很难发现的问题。他们善于主动发现问题，而不是消极等待问题。

海尔创始人张瑞敏之所以能够取得成功，很大程度上源于他的敏锐的问题意识与稳健的经营理念。他善于将自己的“问题意识”变为全员的“问题意识”，要求每个员工每天控制和管理自己的每一件事，切实做到“日事日毕，日清日高”。

张瑞敏始终认为，有淡季就意味着有问题，也就意味着有新市场。于是，他形成了“消灭淡季，开拓市场”的理念，对洗衣机市场进行了深入研究。一般说来，洗衣机市场存在明显的淡旺季。每年 8 至 9 月，属于洗衣机的淡季。夏季最热时，就是洗衣机销售的最淡季。对此，大家都习以为常，并不觉得有什么问题。洗衣机厂家会在淡季撤回自己的销售人员，等到旺季再派出去。但张瑞敏发现，实际上夏天人们对洗衣机的需求反而是最大的，因为洗衣服洗得最勤。但问题在于夏天洗的多是小件衣服，一次次使用大容量的洗衣机显然不划算。这不就是问题吗？应该说，这是很大的问题，也蕴藏着很大的商机。

根据这种情况，海尔人开发了容量为1.5 千克的“小小神童”洗衣机，既满足了消费者夏天洗衣的需求，也消除了洗衣机销售的淡季，产品畅销国内外。

张瑞敏又组织技术人员研制了不用洗衣粉的“小小神童”。这是对海尔的两大王牌产品“环保双动力”和“小小神童”进一步创新的产物。这种洗衣机不用洗衣粉就可轻松洗净衣物，“洗净比”比使用洗衣粉的普通洗衣机还要高25%，对各种病菌的杀灭率超过99.99%，非常适合内衣洗涤和夏天衣物洗涤。外观设计更是独具匠心，操作极为简单，更富有人性化。

可见，企业最可怕的不是存在问题，而是不知道问题究竟在哪里。缺乏问题意识，就谈不上发现问题，更不要说寻找对策妥善解决了。

（二）突破阻碍，随机组合

创新思维产生的第二个条件，就是突破障碍，随机组合。很多时候，光有创新意识还不行，还得突破思维障碍，并善于进行随机组合。看看下面的对话，可能会对你有不少启发。

乌龟：就说这棵树，我既不能让树为我开花，也不能让树提前结果。

师傅：但是，我们对有些事情还是可以控制的。例如，我们可以控制果实何时坠落，可以控制果实在何处播种。那是真实的，并非幻觉。

乌龟：是啊，不过，无论你做了什么，那个种子还是会长成桃树。你可能想要苹果或橘子，可你只能得到桃子。

师傅：可桃子不能打败太郎。

乌龟：也许它可以的，如果你愿意引导它、滋润它、相信它。

以上对话出自《功夫熊猫》。当《功夫熊猫》在中国热映时，许多人都会感叹，为什么美国人能拍出这种片子而我们却不能呢？

究其原因，和国籍无关，关键还是因为我们的思维被局限了。在我们的心目中，功夫是很阳刚的代表，而熊猫则是阴柔的象征，两者之间不可能联系在一起。但美国人并不受思维的条条框框的限制，在他们看来，既然功夫和熊猫都是中国的特产，那放在一起不就更加厉害了？

仔细研究这个实例，可帮助我们更深刻地认识到阻碍创新的思维框框究竟是什么。

（三）勤于用脑，随机应变

创新思维是极其灵活的，这种灵活性又称为变通性。换句话说，创新思维往往是随机应变、举一反三、触类旁通的。

思维灵活的人，不仅勤于动脑，而且不易受思维定式的束缚，常常能天马行空地提出各种新理念、新思路、新方法。这类人善于整合各方资源和信息，善于借助已有的知识和证据，及时调整自己的思维，进而提出各种新颖的见解、假设或方案。

于右任先生写得一手好字，人们便常常向他索字。这样一来，就影响了他的工作与生活。于是，于先生便不再为人写字了。一个老友向他苦苦请求，于先生于心不忍，最后就随手写了“不可随处小便”六字。他认为，老友肯定无法将这几个字挂起来。几天之后，老友将裱好的字拿给于先生看，已经变成“小处不可随便”。于先生非常佩服老友的这种变通思维。

（四）积累信息，适时调用

一个具备创新思维的人，往往是一个注重信息积累的人。究其原因，一方面，创新思维离不开大量有价值的信息；另一方面，只有掌握足够的信息，才能避免因为不了解某领域的实际成果而导致重复研究。事实上，很多人费尽心血研究出来的东西已经早有人研究出来了。

对于一个优秀的创新者来说，不仅要善于积累信息，而且要善于适时调用。换句话说，他可以从任何一种环境中搜索到自己需要的信息，并及时进行优化、完善，以备不时之需。

第三节　创意与创新思维实训

一、逻辑思维实训

（一）实训的目的

从本质上讲，逻辑思维也属于创新思维的重要组成部分。所谓逻辑思维，是指借助概念、判断、推理这三种基本的思维形式，通过分析、综合、比较概括和具体化的思维过程，揭示事物的本质特征和规律性的一种思维。经由逻辑思维的系统训练，大学生将逐步掌握逻辑思维的基本知识、基本方法和基本技巧，最终达到创新思维的目的。

（二）实训的要求

1. 要求大学生系统了解逻辑思维的科学概念、科学理论。
2. 要求大学生掌握和运用好语言系统。
3. 要求大学生潜心学习科学符号，并与基本的思维方法密切配合。
4. 先进行逻辑思维的应用演示，再分组训练，后引导大学生独立训练。
5. 在进行实训之后，必须撰写训练心得。

（三）实训内容

实训项目一：还有 1 元钱去哪里了

三个大学生住在一个旅馆的三间房，每间房 10 元，为此，他们共付给老板 30 元。第二天，旅馆老板发现他们是大学生，就主动提出优惠，三个人只收 25 元。于是，旅馆老板让服务生退回 5 元。这个服务生贪图小利，私自留下 2 元，只退回每人 1 元。三个大学生得知后，就告诉了旅馆老板。在算账时，他们遇到了难题。既然每人退了 1 元，那三个大学生每人就各花了 9 元，共花了 27 元。再加上服务生私自留下的 2 元，总共是 29 元。可当初他们共付 30 元，还有 1 元去哪里了？

实训项目二：谁在说谎

A，B，C 都喜欢说谎话，有时也说真话。有一天，A 指责 B 说谎话，B 指责 C 说谎话，C 指责 A、B 都说谎话。如果其中至少有一个人说了真话，那么究竟是谁在说谎话？

实训项目三：村里有几只疯狗

有一个村子，共有 50 户人家，每家都养了一条狗。现在，村子出现了 n 条疯狗。这个村子有个规定，谁发现自家的狗是疯狗，就要将狗枪毙。但问题在于，村里的人只能看出别人家的狗是不是疯狗，却看不出自家的狗是不是疯狗；一旦发现别人家的狗是疯狗，不能告诉别人。第一天晚上，没有任何枪声。第二天晚上，也没有任何枪声。第三天晚上，有枪声，但不清楚到底是多少枪。请问，村子里究竟有几条疯狗？

实训项目四：看谁在说谎

在古罗马时代，有一位少女在河里洗澡。她的衣服原本放在河岸上，却被人偷走了。对于这件事，有四位少女各自说出了自己的看法。这四位少女分别是受害者、目击者、救援者和旁观者。假定这四位少女的谈话具有这样的特点：凡是与受害者有关的话都是谎话，凡是与其他人有关的话都是真话。你能够据此判断这四位少女的身份吗？

玛丽贝拉："古萝利亚不是旁观者。"

古萝利亚："克蕾仙蒂亚不是目击者。"

欧蕾利亚："玛丽贝拉不是救援者。"

克蕾仙蒂亚："古萝利亚不是目击者。"

实训项目五：各个撒谎

有一个医生死在自己的寓所，警方证实，他是被杀的。于是，警方传讯了他的四个患者。目击证人证实，这四个患者在医生死亡那天都单独去过寓所。

这四个患者事先就商量好，每个人的供词都是谎言。

埃弗里：我们四个人都没杀害医生。我离开寓所时，医生还活着。

布莱克：我是第二个去寓所的，当时他已经死了。

克朗：我是第三个去寓所的。我离开寓所时，他还活着。

戴维斯：凶手不是在我去寓所之后去的。我到达寓所时，他已经死了。

请问，究竟是谁杀害了医生？

实训项目六：祸起萧墙

有一天晚上，一个四口之家发生了一起谋杀案。这个四口之家共有四个成员：一对夫妇和他们的儿子、女儿。警方得知：其中一个成员杀害了另一个成员；其他两个成员，一个是目击者，另一个则是凶手的同谋。请根据以下结论，判断凶手究竟是谁。

（1）同谋和目击者是异性；

（2）最老的成员和目击者是异性；

（3）最小的成员和被害者是异性；

（4）同谋的年龄比被害者大；

（5）父亲最年长；

（6）凶手不是最小的成员。

实训项目七：11 个教徒

一艘船在海上行驶，突然遭遇风暴。为减轻船的重量，25 名乘客不得不把其中的一部分人抛到海里。这样一来，剩余的人还有一线生机。可是，谁也不愿意牺牲自己。这 25 名乘客里，有 11 个教徒，其中一个教徒想出一个主意。他让所有的人坐成一圈，依次报数。报“3”的人，就被抛到海里。最后，有 14 人被抛下海，而 11 个教徒却安然无恙。请问，这 11 个教徒各处于什么位置？

实训项目八：六张纸币

有 3 个美国孩子准备一起凑钱买东西，便都将兜里的钱全部掏出来，合计 320 美元。其中，有两张 100 美元、两张 50 美元、两张 10 美元。事实上，每个孩子所带的钱数都不相同，而且没带 100 美元的孩子也没带 10 美元，没带 50 美元的孩子也没带 100 美元。请问，这 3 个孩子各带了多少钱？各是什么面值的纸币？

实训项目九：猜数问题

有一个教授专门讲授逻辑学，带了 3 个非常聪明的学生。有一天，教授在每个学生的脑门上贴了一张纸条并告诉他们，每个人的纸条上都写了一个正整数，且某两个数的和等于第三个。这 3 个学生可以看见其他两个人脑门上的数，但看不见自己脑门上的数。教授让 3 个学生猜出自己脑门上的数字。前两个学生都表示猜不出，第三个学生却准确地猜出是144。请问，你能猜出其他两个人的数吗？

实训项目十：请客吃饭的绝招

艾娃小姐倾国倾城，马丁先生对她一见钟情。但这位小姐比较害羞，如果直接请她吃饭，很可能会遭到拒绝。于是，马丁先生绞尽脑汁，最终想出一个妙计。他对艾娃小姐说："我要问你两个问题，你只能回答'是'或'不'。但你一定要听清楚之后再回答，而且两个问题的答案不能自相矛盾。"艾娃小姐觉得有趣，便同意了。请问，马丁先生该怎样提问，才能达到请艾娃小姐吃饭的目的？

实训项目十一：聪明的囚徒

古希腊有个国王，准备处死一批囚徒。当时，处死囚徒的方式有两种：一是砍头，一是绞死。至于选择哪一种，由囚徒自己决定。选择时，囚徒任意说一句话，这句话必须是可以立刻验证真假的。如果是真话，就处绞刑；如果是假话，就砍头。如果说的话无法验证，就视为假话；如果不说话，就视为真话。结果，囚徒说什么都难逃一死，只不过死法不一样罢了。有个聪明的囚徒说了一句极为巧妙的话，结果使得国王无可奈何地释放了他。请问，这个囚徒说了什么话？

实训项目十二：毒酒和美酒

战国时期，秦国实行商鞅变法。秦孝公有一个幕僚，因为犯罪，依律当斩。秦孝公有心救他一命，但又不能破坏秦律。于是，他设计了特殊的行刑方式，看这个幕僚能否躲过一劫。两个武士各自拿着一瓶酒，站在这个幕僚身边。秦孝公规定：第一，这两瓶酒外观相同，但其实一瓶是美酒、一瓶是毒酒；第二，两个武士有问必答，但一个只回答真话，另一个只回答假话，并且无法断定谁说真话、谁说假话；第三，两个武士互相都知道谁说真话或谁说假话、谁拿毒酒或谁拿美酒。现在，允许智者向任意一个武士提一个问题，然后根据回答判定哪瓶是美酒并一饮而尽。这个幕僚提出了一个巧妙的问题，并喝下美酒，最终免于一死。请问，这个幕僚究竟提出了一个什么问题？

（四）实训项目参考答案

实训项目一：还有1元钱去哪里了

既然5元钱已退回，就不存在30元的概念。三人实际付出27元，老板得25元，服务生得2元。每个人付出10－1＝9（元），9×3＝27（元）是总支出。服务生的2元是从三人的房间费里截留的，不能加到27元之外。

实训项目二：谁在说谎

运用假设排除法推理，B说的是真话，A和C说的是谎话。

实训项目三：村里有几条疯狗

村里有3条疯狗。

假设有1条疯狗，疯狗的主人会看到其他狗都没疯，就知道自己的狗有疯，所以第一天晚上就会有枪响。既然没枪响，说明疯狗数大于1条。

假设有2条疯狗，疯狗的主人会看到有1条疯狗，因为第一天没听到枪响，是疯狗数大于1，所以疯狗的主人会知道自己的狗是疯狗，因而第二天会有枪响。既然第二天也没枪响，说明疯狗数大于2。

由此推理，如果第三天枪响，则有3条疯狗。

实训项目四：看谁在说谎

如果古萝利亚是受害者，玛丽贝拉及克蕾仙蒂亚所说的与受害者有关，但都是真话，所以，古萝利亚不是受害者。

如果克蕾仙蒂亚是受害者，古萝利亚所说的与受害者相关，但也是真话，所以，克蕾仙蒂亚也不是受害者。

如果玛丽贝拉是受害者，欧蕾利亚所说的内容与受害者有关，但也是真话，所以，玛丽贝拉不是受害者。

据上推论得如，欧蕾利亚是受害者，玛丽贝拉是目击者，古萝利亚是救援者，克蕾仙蒂亚是旁观者。

实训项目五：各个撒谎

既然都是虚假供词，那么就能得出以下真实情况：

（1）四人中的一人杀了医生。

（2）埃弗里离开寓所时，医生已死。

（3）布莱克不是第二个去寓所的。

（4）布莱克到达寓所时，医生还活着。

（5）克朗不是第三个到达寓所的。

（6）克朗离开寓所时，医生已死。

（7）凶手是在戴维斯之后去寓所的。

（8）戴维斯在到达寓所时，医生还活着。

根据（1）（2）（4）（6）（8），布莱克和戴维斯是在埃弗里和克朗之前去寓所的。根据（3），戴维斯是第二个去的，布莱克是第一个去的。根据（5），埃弗里是第三个去的，克朗是第四个去的。医生在第二个去他那儿的戴维斯到达时还活着，但在第三个去他那儿的埃弗里离开时已经死了。根据（1），杀害医生的是埃弗里或戴维斯。根据（7），埃弗里是凶手。

实训项目六：祸起萧墙

根据（3），最小的成员不是被害者。根据（4），也不是同谋。根据（6），也不是凶手。根据（5），父亲是最老成员，母亲是次老成员。根据（2），最小的成员是女儿，次小的成员是儿子。因此，凶手是母亲。

实训项目七：11 个教徒

按顺序依次编号：

1　2　3　4　5　6　7　8　9　10　11　12　13　14　15　16　17　18　19　20　23　22　23　24　25

第一轮报到“3”的有 8 人：3　6　9　12　15　18　21　24

下一轮从 25 开始：

25　1　2　4　5　7　8　10　11　13　14　16　17　19　20　22　23

第二轮报到“3”的有 5 人：2　7　11　16　20

第三轮报到“3”的只有 1 人：25

因此，11 个教徒的位置应当是：

1　4　5　8　10　13　14　17　19　22　23

实训项目八：六张纸币

如果没带 100 美元也没带 10 美元的孩子和没带 50 美元也没带 100 美元的孩子是两个孩子，这两个孩子分别带 50 美元、10 美元，则另一个孩子带两张 100 美元，这与题设矛盾。因此，带 100 美元也没带 10 美元的孩子和没带 50 美元也没带 100 美元的孩子是同一个孩子。因此，有两个孩子带的是 100 美元、50 美元和 10 美元，共 3 张，另一个孩子没带钱。

实训项目九：猜数问题

既然某两个正整数的和等于第三个，三个学生都知道自己的数字是另外两个正整数的和或差，非此即彼。不妨设第一个学生的数字为 X，第二个学生的数字为 Y。

假设 X = Y = 72，学生 3 第一轮即可说出答案。72 与 72 的差为 0，不是正整数，所以自己的数字一定是 144。

假设 X = 48 且 Y = 96，学生 3 第一轮即可说出答案。48 和 96 的差为 48，和为 144；如果自己的数字是 48，自己和学生 1 的数都为 48，学生 2 第一轮即可说出答案，所以自己的数字一定是 144。

实训项目十：请客吃饭的绝招

第一个问题是：“今晚你愿意和我一起上馆子吗？”第二个问题是：“对这个问题的回答与对第一个问题的回答一样吗？”可怜的姑娘陷入窘境：如果对第一个问题回答说“不”，那么对第二个问题回答“是”或“不”都是错误的。因此，她只能对两个问题都回答“是”。

实训项目十一：聪明的囚徒

这个聪明的囚徒说：“要对我砍头。”这句话使国王左右为难。如果把他砍头，他说的就是真话，而说真话应该被绞死。如果把他处以绞刑，那“要对我砍头”便成了假话，而说假话又应被砍头。

实训项目十二：毒酒和美酒

这个幕僚可以向侍者甲提问：“侍者乙将如何回答他手里拿的是美酒还是毒酒这个问题?”如果甲说乙回答他手里拿的是毒酒，乙手里拿的肯定是美酒。因为如果甲说真话，乙回答他手里拿的是美酒，此情况下乙说假话，所以乙拿的是美酒。如果甲说假话，乙回答他手里拿的是美酒，此情况下乙说真话，所以乙拿的是美酒。

二、形象思维实训

（一）实训的目的

作为一种本能思维，形象思维在创新思维中占据一席之地。一般说来，形象思维具有形象性、完整性和跳跃性。形象思维有一点类似顿悟式的短路思维，速度快，有助于迅速把握某些客观规律。但是，形象思维不够严谨，一旦离开逻辑思维的辅助，就很容易误入歧途。经由形象思维的系统训练，大学生将逐步掌握形象思维的基本知识、基本方法和基本技巧，最终达到创新思维的目的。

（二）实训的要求

1. 实训前，大学生要系统了解形象思维的有关知识及具体方式。

2. 大学生要通过挖掘生活经验、阅读文艺作品、参加创造活动来累积形象材料。

3. 实训中，大学生要积极开展联想与想象。

4. 实训后，大学生要撰写训练心得。

（三）实训内容

实训项目一：哪个面积大

用9根火柴棒摆成正三角形，再用2根火柴棒将其分为①和②两部分。请问，哪部分的面积更大？

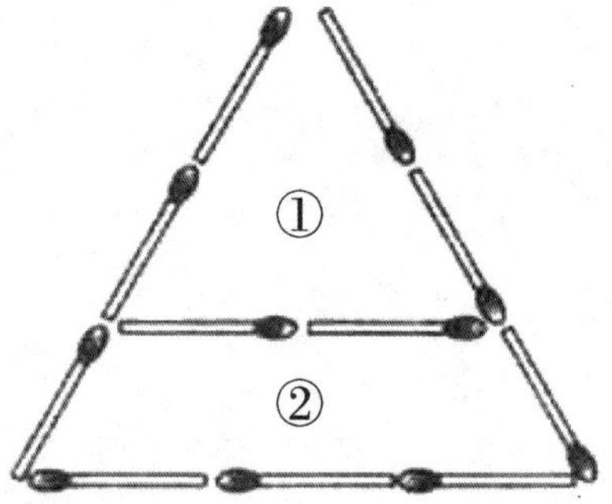

实训项目二：切割铜钱

在一块有方孔的圆形铜钱上，有些对称的标志符号。如果要将它切割成大小、形状相同的四块，每块都带有一个小圆圈和一个三角形，该怎样切割呢？

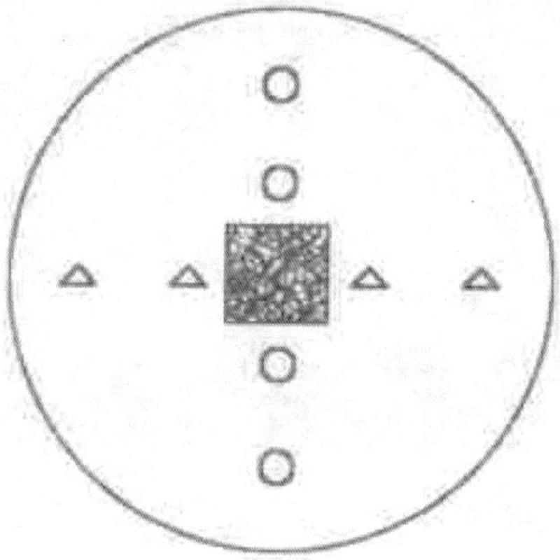

实训项目三：火柴摆方形

用 12 根火柴棒可摆成 4 个正方形。如果算上最外面的正方形，共有 5 个正方形，但这属于重复计数。请用 12 根火柴棒摆成 5 个正方形，不准重复计数。

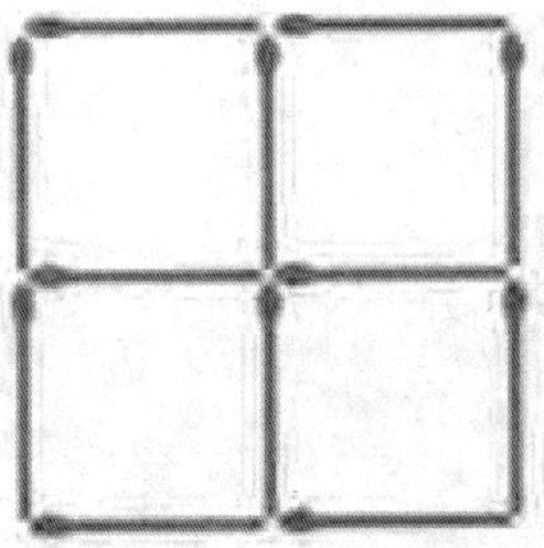

实训项目四：请用连续不重复的四根直线将九点连接起来

实训项目五：请用连续不重复的六根直线将十六点连接起来

实训项目六：农夫的遗嘱

有一个农夫，在临终前立下遗嘱，要求将土地平分给四个儿子。不仅面积一样，而且形状也一样，还必须是完整的。请问，该如何切分呢？

实训项目七：哪个图形与众不同

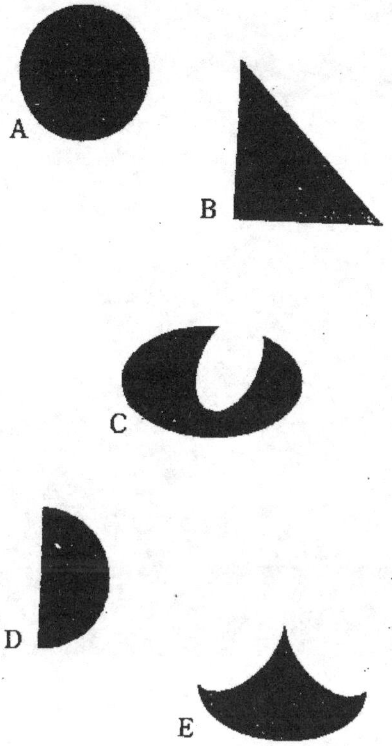

实训项目八：有几个黑点

实训项目九：是静的还是动的

实训项目十：那个女人是真实的还是拼图里的

实训项目十一：画中有几张脸

（四）实训项目参考答案

实训项目一：哪个面积大

②更大。我们不妨再加几根火柴棒，将其分为更小的正三角形。结果发现：①由 4 个小正三角形组成；②由 5 个小正三角形组成。

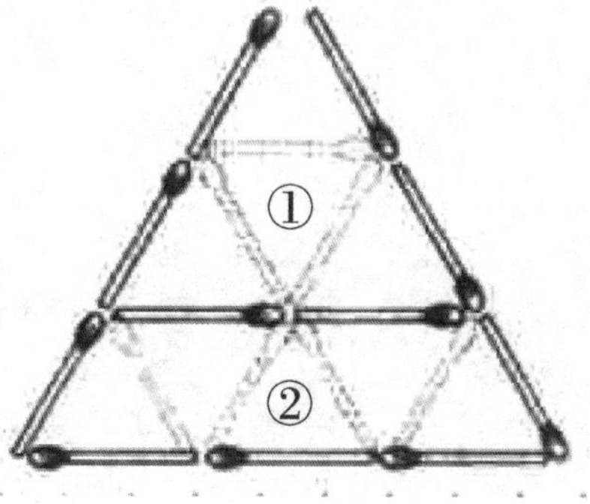

实训项目二：切割铜钱

圆中的为正方形，将板材切割成4块，每块应占正方形的一个边。

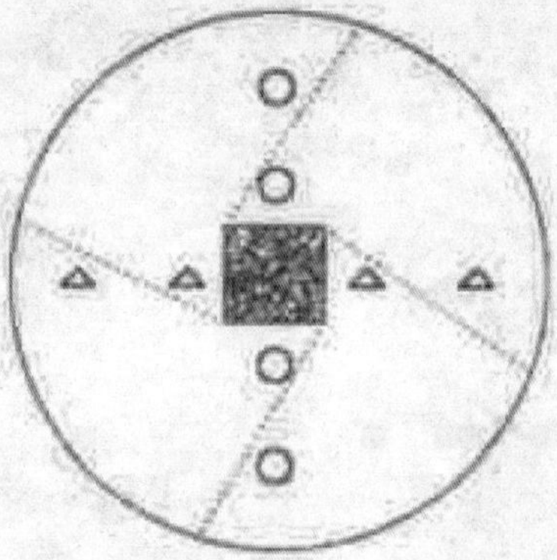

实训项目三：火柴摆方形

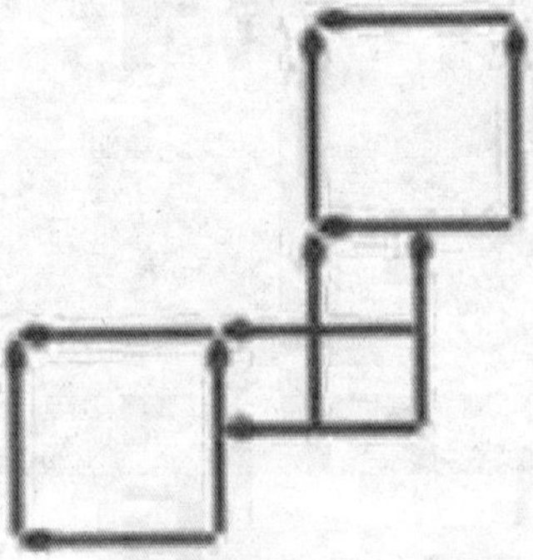

实训项目四：请用连续不重复的四根直线将九点连接起来

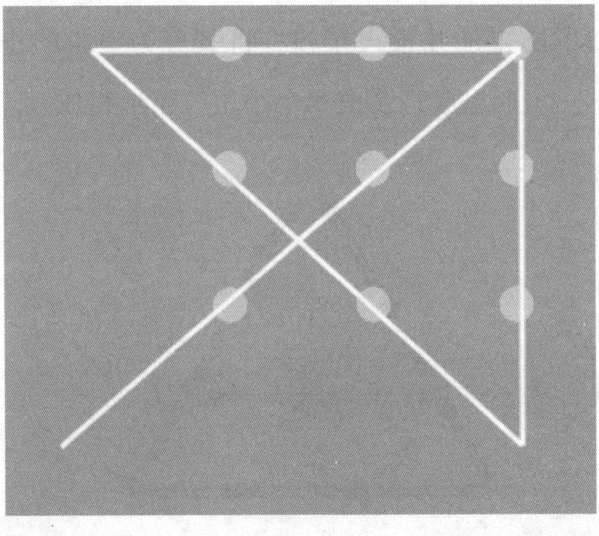

实训项目五：请用连续不重复的六根直线将十六点连接起来

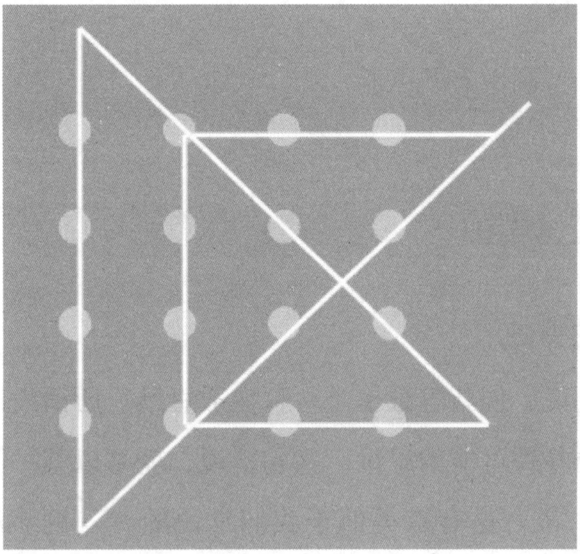

实训项目六：农夫的遗嘱

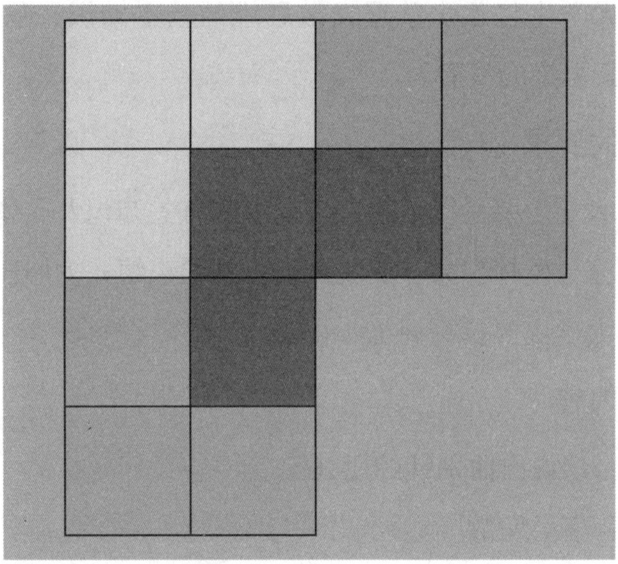

实训项目七：哪个图形与众不同

B 图。

实训项目八：有几个黑点

没有一个是黑点。

实训项目九：是静的还是动的

是静的。

实训项目十： 那个女人是真实的还是拼图里的

是真实的。

实训项目十一： 画中有几张脸

3 张脸。

三、发散思维实训

（一）实训的目的

从某种意义上说，创新思维也是一种发散思维。所谓发散思维，是指从某一信息可以想象出各种可能的思维。换句话说，就是以某一问题为中心，思维路线向四面八方扩散。这有点类似于我们常说的“一题多解”“一事多写”“一物多用”，其价值就在于可以从众多答案中选出最佳的答案。经由发散思维的系统训练，大学生将逐步掌握发散思维的基本知识、基本方法和基本技巧，最终达到创新思维的目的。

（二）实训的要求

1. 实训前，大学生要系统了解发散思维的有关知识及具体方式。

2. 大学生应充分发挥想象，摆脱逻辑思维的束缚，大胆质疑。

3. 实训后，大学生要撰写训练心得。

（三）实训内容

实训项目一： 请说出曲别针的用处

实训项目二： 字的发散

1. 在“十”字上最多加三笔，能写出哪 10 个字？

十　十　十　十　十　十　十　十　十　十

实训项目三： 观念的发散

尽量说出领带和旧牙膏皮的各种用途，越多越好。

什么“狗”不是狗？什么“虎”不是虎？什么“虫”不是虫？什么“书”不是书？什么“井”不是井？什么“池”不是池？

实训项目四：方法发散

每天早晨都有许多职工乘汽车上班，导致交通紧张。要想改变这种状况，有哪些方法？

电话铃声可以做哪些改变？

哪些方法可以充分调动下属的积极性？

实训项目五：结构发散

用 8 根火柴搭建 2 个正方形和 4 个三角形，火柴不能弯曲，也不能折断。

实训项目六：因果关系发散

如果世界上没有蚊子，会发生什么事情？

实训项目七：材料扩散

如果不计成本，可以用哪些材料做衣服？

实训项目八：过河

有一条河，水位很深，水面很宽。如果要到河对岸，你能想出哪些办法？

实训项目九：把水塘里的水舀干

有一个水塘，很快就要干枯了。水塘里还有许多小蝌蚪。现在，要把水塘里的水舀干，舀上来的水里不能有蝌蚪。运用发散思维，你能想出哪些方法？

实训项目十：喝矿泉水问题

1 元钱一瓶矿泉水，两个空瓶换一瓶矿泉水。如果有 20 元钱，最多可喝几瓶矿泉水？

实训项目十一：理发师的观点

有一位理发师说："我宁可给 10 个瘦子理发，也不愿只给 1 个胖子理发。"这位理发师为什么这样说？

实训项目十二：称苹果

有 10 筐苹果，每筐里有 10 个，共 100 个苹果。每筐里的苹果的重量是一样的，其中有 9 筐每个苹果的重量都是 0.5 千克，另 1 筐中每个苹果的重量都是 0.45 千克，但外表根本看不出什么区别。现在，如何用一台普通的大秤一次就把这筐重量轻的找出来？

（四）实训项目参考答案

实训项目一：请说出曲别针的用途

为说明曲别针的用途，可为曲别针的用处建立一个信息场图。其中，x 轴指人类活动，就是想象曲别针在勾、挂、联、画、化学反应、计算、书写、日常活动等方面的应用；y 轴是表示曲别针的要素，如材质、重量、体积、长度、截面、韧性、弹性、硬度、直边、弧边等。两轴相交就是信息场，各点相乘，进行信息交和，其用途无穷无尽。曲别针可变成数字和加减乘除；可变成英文、拉丁文、俄文字母组成各种语言文字；可和各种酸类及其他化学物质产生反应，制作成各种东西……

实训项目二：字的发散

土　士　干　木　未　末　古　叶　王　主

实训项目三：观念的发散

领带的用途：在脖子上装饰；用作商品卖；当礼品送人；将 N 条领带扎在一起做成拖把；做洗碗布；用来捆大葱；与玻璃棒摩擦起电产生正负电荷；用作丈量工具；领带后面做个口袋可放小物品；做风筝的尾巴；蒙住眼睛做摸瞎游戏……

旧牙膏皮的用途：用作容器装东西；铅锡材料的可回收再用；做钓杆鱼线的坠子；补焊漏盆子……

电子狗、热狗、走狗不是狗，雅虎、壁虎、马虎、爬山虎不是虎，懒虫不是虫，女书（一种文字）不是书，王府井（商业街）不是井，渑池（地名）不是池。

实训项目四：方法发散

（1）错时上班、步行、骑自行车……

（2）可从声音大小、声音内容、声音快慢等方面改变。

（3）可从奖励、惩罚、晋升、培训等方面调动下属的积极性。

实训项目五：结构发散

用四根摆成一个正方形，其余四根对角摆即可。

实训项目六： 因果关系发散

卖蚊帐的、卖蚊香的会失业，吃蚊子的鸟类还有哺乳动物会挨饿。

实训项目七： 材料扩散

塑料、金属等都可以。

实训项目八： 过河

①游过去；②乘船过去；③架桥过去；④沿河向上或向下找河窄、水浅的地方涉水过去；⑤骑在牛等动物的身上过去；⑥乘竹筏、木排之类的东西划过去；⑦乘氢气球过去；⑧乘直升机过去；⑨修水下隧道过去；⑩绕地球一周过去……

实训项目九： 把水塘里的水舀干

先用纱网、漏瓢或竹篮捞起蝌蚪，再舀水；把竹篮放入水中，在竹篮里舀水；先在水塘里放入鸭子之类的蝌蚪的天敌，让它们吃完蝌蚪后再舀水；用某种药剂杀灭蝌蚪后再舀水；先往水里投入小虫，把蝌蚪吸引到一边去后再舀水；用纱网罩在舀水的瓢上再舀水；用某种工具将蝌蚪撇到一边后再舀水；用倒圆锥形的纱网插在水塘中，从纱网的开口处舀水；等小蝌蚪长成青蛙后再舀水。

实训项目十： 喝矿泉水问题

解题思路 1　一开始 20 瓶没问题，随后的 10 瓶和 5 瓶也没问题。接着，把 5 瓶分成 4 瓶和 1 瓶，前 4 个空瓶换 2 瓶，喝完后 2 瓶再换 1 瓶，此时喝完后剩余的空瓶数为 2 个，把这 2 个空瓶换 1 瓶继续喝。喝完后，把这 1 个空瓶换 1 瓶矿泉水，喝完换来的那瓶再把瓶子还给人家即可。所以，最多可以喝的矿泉水数为：$20+10+5+2+1+1+1=40$。

解题思路 2　先看 1 元钱最多能喝几瓶矿泉水。喝 1 瓶余 1 个空瓶，向商家借 1 个空瓶，2 个空瓶换 1 瓶继续喝，喝完后把这 1 个空瓶还给商家。即 1 元钱最多能喝 2 瓶矿泉水。20 元钱当然最多能喝 40 瓶矿泉水。

解题思路 3　两个空瓶换一瓶矿泉水，可知纯矿泉水只值 5 角钱。20 元钱自然最多能喝 40 瓶纯矿泉水。

实训项目十一：理发师的观点

很多人都会对这位理发师的话感到奇怪："胖子和瘦子的脑袋大小差不多，难道为1个胖子理发会比为10个瘦子理发更费事吗?"如果放弃"给胖子理发更费事"这个角度想问题，从"得多少理发费"这个角度去想，答案就明显而简单。这是因为，给10个瘦子理发可得到10份理发费，给1个胖子理发只能得到1份理发费。

实训项目十二：称苹果

将10筐苹果分别编号，按每筐的编号取出不同数量的苹果。如从编号1的筐里取1个，编号5的筐里取5个，共（1+10）×10÷2=55个。如果每个苹果的重量都是0.5千克，应该是27.5千克。由于有1筐的重量较轻，不可能到27.5千克。如果结果比27.5千克少x两，重量较轻的就一定是编号为x的那筐。为了称量方便，第十筐的苹果也可不取，一共取45个，最多22.5千克。如果称得的结果正好是22.5千克，说明第十筐是轻的。否则，少的就是编号为几的筐的苹果是轻的。

四、联想思维实训

（一）实训的目的

联想思维也是创新思维的重要组成部分。所谓联想思维，是指将一种事物的形象与另一种事物的形象有意联系起来，探索它们之间的相似之处，进而解决问题的一种思维。经由联想思维的系统训练，大学生将逐步掌握联想思维的基本知识、基本方法和基本技巧，最终达到创新思维的目的。

（二）实训的要求

1. 实训前，大学生要系统了解联想思维的有关知识及具体方式。

2. 实训中，大学生要做到无意联想、再造联想、创造联想，甚至幻想，以培养联想思维能力。

3. 实训后，大学生要撰写训练心得。

（三）实训内容

实训项目一：七位朋友

某人共有七位朋友，第一位朋友每天都去他家一次，第二位朋友每隔 1 个晚上去他家一次，第三位朋友每隔 2 个晚上去他家一次，第四位朋友每隔 3 个晚上去他家一次。依此类推，直到第七位朋友每隔 6 个晚上去他家一次。请问，这七位朋友会在同一个晚上在这个人的家里碰面吗？

实训项目二：分骆驼

有个老人，临终留下遗言，将 17 头骆驼分给 3 个儿子，长子分 1/2，二儿子分 1/3，三儿子分 1/9，骆驼一头也不许宰杀。请问，每个儿子各分几头？

实训项目三：黑帽子舞会

舞会上，每人头上戴一顶帽子。帽子有黑白两种，黑的至少有一顶。每个人都能看到其他人帽子的颜色，却看不到自己的。主持人先让大家看看别人头上戴的是什么颜色帽子，然后关灯。如果认为自己戴的是黑帽子，就打自己一个耳光。第一次关灯，没有声音；再开灯，大家再看一遍，关灯时仍然鸦雀无声；第三次关灯，响起了打耳光的声音。请问，有多少人戴黑帽子？

实训项目四：鲍西亚的肖像

鲍西亚不仅容貌艳丽，而且才能卓越。但是，鲍西亚没有择婚的自由，她的亡父在遗嘱里规定要猜匣为婚。

鲍西亚有三只匣子，即金匣子、银匣子和铅匣子，各刻了一句话，其中只有一句是真话。在这三只匣子中，只有一只匣子里放着鲍西亚的肖像。鲍西亚许诺：求婚者如能通过这三句话猜中肖像放在哪只匣子里，她就嫁给他。

金匣子上刻的是："肖像不在银匣中。"

银匣子上刻的是："肖像在金匣中。"

铅匣子上刻的是："肖像不在此匣中。"

请问，求婚者该选择哪个匣子？

实训项目五：朝相反方向逃跑

西汉末年，王朗在邯郸自立为王。有一次，他带兵包围刘秀，逼得刘秀四处奔逃。王朗率军紧追不舍，形势危急。刘秀的部队从束鹿向西还没走多远，王朗的追兵就到了。刘秀只得到树林里躲藏，但又担心在泥泞的道路上留下脚印。结果，刘秀想出一个让王朗朝相反方向追去的办法，摆脱了险境。请问，刘秀想出了什么办法？

实训项目六：有多少桶水

国王问小神童："王宫前的水共有多少桶？"小神童想了想，说出了令国王赞叹的话。请问，小神童是如何回答的？

实训项目七："算"出心中的数

有一天，诸葛亮对将士们说："从 1～1024 中任选一个整数，记在心里。我提出 10 个问题，只要回答是或不是。10 个问题答完，我就会算出你心里记的那个数。"一个谋士说，他已选好一个数。诸葛亮问："你这个数大于 512？"谋士答道："不是。"诸葛亮又提了 9 个问题。谋士都作了回答。诸葛亮最后说："你记的那个数是 1。"请问，诸葛亮是怎样运算的？

实训项目八：珠宝被窃

在一个大型珠宝展览会上，人山人海。突然，有个男子来到装有价值连城的钻石的玻璃柜前，用锤子敲裂玻璃，抢走钻石。警方赶到现场，珠宝商哭诉道："柜子是用防盗公司制造的特别防盗玻璃做的，就是子弹打上去也不会破裂呀！"调查认定，那些碎玻璃的确是防盗玻璃。警方百思不得其解，便向名探哈莱金请教。哈莱金根据防盗玻璃的特性，指出了罪犯。请问，罪犯究竟是谁？

实训项目九：查获毒品

某夜，马尼拉—北京航线的 CA972 班机降落在首都机场。检查员发现有 3 个人神色可疑，他们带有两个背包、一个帆布箱。他们来北京旅游，当天早上从泰国首都曼谷出发，经过菲律宾首都马尼拉，再经过广州，然后飞抵北京。检查员立刻检查来客的行李，果然发现了海洛因。请问，是什么引起了检查员的怀疑？

（四）实训项目参考答案

实训项目一：七位朋友

从第一位朋友访问的那个晚上开始，经历的天数一定能被2、3、4、5、6、7各数整除。换句话说，第一天与七位朋友碰面那一天相隔的天数应是2、3、4、5、6、7各数的最小公倍数。不难求出这个数是420。

实训项目二：分骆驼

按常规来看，17头骆驼是单数，又不许宰杀，不可能分给长子1/2，也不可能分给二儿子1/3和三儿子1/9。如果拐个弯想，行不行呢？如果从邻居家借一头骆驼，问题就豁然开朗了。借来一头骆驼后，骆驼总数是18头，长子分1/2，得9头；二儿子分1/3，得6头；三儿子分1/9，得2头。分完后，借来的骆驼就物归原主。

实训项目三：黑帽子舞会

假设有X个黑帽子。

X=1，则戴黑帽子的第一次就看到其他人都是白帽子。那自己肯定是黑帽子，该打自己嘴巴。但第一次没人打，说明至少有两顶黑帽子。

X=2，第一次开灯后没人打，说明黑帽子不止一顶。第二次如果有人只看到别人有一顶黑帽子，就能判断自己头上是黑帽子，就该打嘴巴。但没人打，说明至少有3顶黑帽子。

X=3，由于前两次没有人打，所以至少有3顶黑帽子。第三次开灯后，有人打嘴巴，说明打嘴巴的人看到其他人中只有两顶黑帽，所以判断自己头上是黑帽子。

实训项目四：鲍西亚的肖像

解题思路1　如果肖像在金匣子中，则金匣子上的话是假的，银匣子上的话是真的，铅匣子上的话是真的，和已知条件相违背。如果肖像在银匣子中，则金匣子上的话是真的，铅匣子上的话是真的，和已知条件相违背。如果肖像在铅匣子中，则金匣子上的话是真的，银匣子上的话是假的，铅匣子上的话是假的，因此肖像在铅匣子中。

解题思路2　金匣子上的话和银匣子上的话是矛盾的，其中必有一真。因为只有 句话是真的，铅匣子上的话是假的。因此，肖像在铅匣子中。

实训项目五：朝相反方向逃跑

刘秀命令将士们将脚上的鞋脱下重穿，但掉了个头，脚跟朝前，脚尖朝后。于是，实际是朝东走，留下的脚印却是朝西走。

实训项目六：有多少桶水

小神童说：“要看是多大桶。如桶与水池一样大，那就一桶水；如桶只有水池的一半大，那就是两桶水。”

实训项目七：“算”出心中的数

一半一半地取，取到第10次时，就是“1”。

实训项目八：珠宝被窃

罪犯是制作防盗玻璃柜的经手人。防盗玻璃整体难以被毁坏，但如果玻璃上有一个小缺陷，用锤子一敲就会破碎。知情的人一定是制作防盗玻璃柜的经手人。

实训项目九：查获毒品

曼谷有直达北京的航班，没必要绕大圈。即使是旅游，也很少有一天飞经这么多地方的，时间都花在天上了。此外，既然是长途旅行，行李就不能过于简单。

五、逆向思维实训

（一）实训的目的

逆向思维是创新思维的重要组成部分。所谓逆向思维，是指有别于司空见惯的传统思维的一种相反的思维。逆向思维的特点就是“反其道而思之”，从问题的反面进行探索。经由逆向思维的系统训练，大学生将逐步掌握逆向思维的基本知识、基本方法和基本技巧，最终达到创新思维的目的。

（二）实训的要求

1. 实训前，学生要系统了解逆向思维的有关知识及具体方式。

2. 实训中，大学生要根据事物依存的条件、位置、结果等进行逆向思考。

3. 实训后，大学生要撰写训练心得。

（三）实训内容

实训项目一：4个瓶子的摆放

有4个瓶子完全相同，怎样摆放才能使任意两个瓶口的距离都相等？

实训项目二：送情报

抗战时期，有个小八路成功地闯过了敌人的关卡，送出了重要的情报。当时，小八路所在的村子被敌军包围，任何人都不能出去。村子通向外界的唯一通道是一座小桥，上面24小时都有一名敌军把守。请问，这个小八路是如何顺利送出情报的？

实训项目三：分牛

有个农夫在临死前留下一些牛，遗书中规定：妻子得全部牛的半数加半头；长子得剩下的牛的半数加半头，正好是妻子所得的一半；次子得还剩下的牛的半数加半头，正好是长子的一半；长女得最后剩下的半数加半头，正好是次子所得牛的一半。结果，没杀一头牛，也没剩一头牛。请问，农夫共留下多少头牛？

实训项目四：招侦察员

某部招收1名侦察员。所有报考者都被关在一个房间里，每天按时提供水和饭菜，门口有人看守。规则是：谁先从房间里出去，谁就被录取。有人声称要去医院，守门人请来医生；有人声称母亲病重，守门人核实，他母亲正在上班。其他人也提了各种理由，守门人都没有放行。有个人对守门人说了一句话，守门人立刻放他出去。请问，这个人说了什么？

实训项目五：东印度公司

英国人A、法国人B、荷兰人C都在东印度公司工作，他们都住在印度某城的一个小巷里。有一天，三人商量到哪儿聚会一次。由于性格各异，意见很难统一。A爱找麻烦，说晴天或阴天可以聚会，雨天绝对不出去。B爱钻牛角尖，说阴天或雨天可以聚会，晴天不出去。C比较爽朗，雨天或晴天可以参加，阴天不喜欢。聚会的日期是第二天，这三个人能聚到一起吗？第二天的天气无法预测，但印度一般不降雪或下雨。不管第二天是什么天气，这种天气都将持续一天。

实训项目六：乒乓球问题

排列 100 个乒乓球，由两个人轮流拿球装入口袋。谁拿到第 100 个乒乓球，谁就获胜。每次最少拿 1 个，最多不超过 5 个。如果你先拿球，你该拿几个？以后怎么拿能保证得到第 100 个乒乓球？

实训项目七：停业的酒店

保罗、劳伦斯、辛格共同经营一家酒店。后来，酒店被迫停业。在均分财物时，遇到难题：剩下 21 瓶酒，其中 7 瓶未开封、7 瓶只剩一半、7 瓶是空瓶子。三人想把瓶子数和酒的量等分为 3，如果一人不得取 4 瓶以上相同的酒瓶，请问，应如何分配？

（四）实训项目参考答案

实训项目一：4 个瓶子的摆放

把 3 个瓶子放在正三角形的顶点，将第 4 个瓶子倒扣在三角形的中心位置。

实训项目二：送情报

这个小八路注意到，守关卡的敌人经常打瞌睡。凡是由村外的人来，他总是头也不抬就说“回去，回去”，不让村里人出去。于是，他悄悄上了小桥。就在敌人抬头发话之前，他突然转身向村里的方向走来，还故意引起敌人的注意。敌人听到后，还是头也不抬地说“回去，回去，村里不让进”。结果，小八路顺利过关了。

实训项目三：分牛

长女既然得到的是最后剩下的牛的“半数”再加“半头”，结果 1 头都没杀，也没剩下，她必然得到的是 1 头牛。

次子：长女得到的牛是次子的一半，次子得到的牛就是 2 头。

长子：次子得到的牛是长子的一半，长子得到的牛就是 4 头。

妻子：长子得到的牛是妻子的一半，妻子得到的牛就是 8 头。

把 4 个人得到的牛的头数相加，农夫留下的牛是 15 头。

实训项目四：招侦察员

他说："我不考了。"

实训项目五：东印度公司

可以聚到一起。如果第二天下雨，B 和 C 可以到 A 家聚会。A 没说雨天不聚会，而是雨天不到外面聚会。

实训项目六：乒乓球问题

不妨逆向推理，如果只剩 6 个乒乓球，让对方先拿球，你一定能拿到第 6 个乒乓球。如果他拿 1 个，你拿 5 个；如果他拿 2 个，你拿 4 个；如果他拿 3 个，你拿 3 个；如果他拿 4 个，你拿 2 个；如果他拿 5 个，你拿 1 个。

把 100 个乒乓球从后向前按组分开，6 个乒乓球一组。100 不能被 6 整除，这样就分成 17 组。第 1 组 4 个，后 16 组每组 6 个。

先把第 1 组 4 个拿完，后 16 组每组先让对方拿球，自己拿完剩下的。这样一来，你就能拿到第 16 组的最后一个，即第 100 个乒乓球。

实训项目七：停业的酒店

保罗分未开封的酒 2 瓶，只剩一半威士忌的酒 3 瓶，空瓶 2 瓶；劳伦斯分未开封的酒 2 瓶，只剩一半的威士忌酒 3 瓶，空瓶 2 瓶；辛格分未开封的酒 3 瓶，只剩一半的威士忌的酒 1 瓶，空瓶 3 瓶。

六、辩证思维实训

（一）实训的目的

在大学生创新创业的过程中，始终离不开辩证思维。所谓辩证思维，是指以变化发展的眼光来对待万事万物的一种思维。辩证思维往往与逻辑思维形成鲜明的对比：在逻辑思维中，事物往往是"非此即彼""非真即假"；在辩证思维中，事物可在同一时间里"亦此亦彼""亦真亦假"。经由辩证思维的系统训练，大学生将逐步掌握辩证思维的基本知识、基本方法和基本技巧，最终达到创新思维的目的。

（二）实训的要求

1. 实训前，大学生要系统了解辩证思维的有关知识及具体方式。

2. 实训中，大学生要熟练应用归纳与演绎、分析与综合、抽象与具体等方法。

3. 实训后，大学生要撰写训练心得。

（三）实训内容

实训项目一：找相同点

下面两个数存在多少相同点？

2468　3579

实训项目二：忙碌的鸽子

哥哥早晨步行去郊外野游。1 个小时后，弟弟得知中午有雨，立即骑车给哥哥送伞。出门时，一只小鸽子同时飞出。它飞到哥哥的头顶，就立即掉头向弟弟飞去，飞到弟弟的头顶又掉头向哥哥飞去，直到弟弟追上哥哥。已知哥哥每小时走 4 千米，弟弟每小时骑 20 千米，鸽子每小时飞 100 千米。如果不算鸽子掉头的时间，当弟弟追上哥哥时，鸽子共飞了多少千米？

实训项目三：特殊性

小芳说："我后天 22 周岁，可去年过元旦时我还不到 20 周岁。"请问，这究竟是怎么回事？

实训项目四：谁活下来的机会最大

三个小伙子决定用手枪进行决斗。小李的命中率是 30%，小黄的命中率是 50%，小林的命中率是 100%。为公平起见，他们决定让小李先开枪，小黄第二，小林最后。然后不断循环，直到只剩下一个人。请问，这三个人中谁活下来的机会最大？他们都应采取什么策略？

实训项目五：分椰子

有 5 个海盗来到一座孤岛上。岛上有棵椰子树，还有一只猴子。他们把椰子全部采摘下来，因为天很晚了，就先睡觉。晚上，有人悄悄起床，将椰子分成5份。结果，多了一个椰子，就给了猴子。然后，藏了一份，并把剩下的椰子混在一起放回原处。过了一会儿，又有人悄悄起床，将剩下的椰子分成5份，发现多一个椰子，就给了猴子。然后，也藏了一份，把剩下的椰子混在一起放回原处……总之，5个人都做了一样的事。早上，他们将椰子分为5份。这个猴子还真幸运，又得到剩余的一个椰子。请问，这堆椰子最少有多少个？

实训项目六：藏宝图

阿拉丁的哥哥阿拉丙得到一张藏宝图，按图找到了宝藏，发现是两个大箱子和一张字条。字条上写着："我将黄金装在其中一个箱子，希望有智慧的人能得到它。如果你的智商超过130，这个问题就难不倒你。如果没有超过，还是趁早离开。否则，开错箱子，你就永远与我为伴了。"阿拉丙看到两个箱子上也有字条。甲箱：乙箱上的字条是真的，而且黄金在甲箱。乙箱：甲箱上的字条是假的，而且黄金在甲箱。如果你是阿拉丙，你决定打开哪个箱子呢？

实训项目七：取水

如果有一个池塘，里面有足够的水。现有2个空水壶，容积分别为5升和6升。请问，如何用这2个水壶从池塘里取得3升水？

实训项目八：导弹相撞

两枚导弹相距41620千米，处于同一路线上彼此而行。其中一枚每小时38000千米，另一枚每小时22000千米。它们在碰撞前的1分钟时相距多远？提示：题中给出了一些不必要的信息。

实训项目九：白加黑

吃感冒药可以缓解感冒症状，可又有明显的副作用——白天吃药容易瞌睡，晚上吃药睡觉难受。请问，该怎么办？

（四）实训项目参考答案

实训项目一：找相同点

①都是阿拉伯数字；②都是4位数；③都是正数；④都是整数；⑤相对应的两数的差相等。

实训项目二：忙碌的鸽子

如果想求出鸽子每次飞行的距离，就把问题复杂化了。兄弟二人的位置随时在变化，彼此的距离也在不断缩小，很难求出结果。其实，既然鸽子是连续飞行的，只要求出飞行时间就能求出飞行距离，这个时间就是弟弟骑车撵上哥哥的时间。答案是 25 千米。

实训项目三：特殊性

这个人的生日是 1 月 2 日，她说话时是 12 月 31 日。这样一来，她去年元旦时是 19 岁，1 月 2 日是 20 岁，而今年元旦时还是 20 岁，1 月 2 日是 21 岁。所以，明年元旦（即明天）仍是 21 岁，而 1 月 2 日（后天）就是 22 岁了。

实训项目四：谁活下来的机会最大

小李存活的概率最大。

小李：他知道自己的枪法最差，根本无法与小黄、小林相比。无论先射杀谁，一旦其中一人被自己射死，自己就可能是第二个被杀。所以，最佳策略就是一直放空枪，直到小黄与小林中有人胜出，再去射杀胜者。小黄先死、小林后死的概率是：$0.5\times0.3=0.15$。小林先死、小黄后死的概率是：$0.5\times0.3+0.5\times0.7\times0.5\times0.3+0.5\times0.7\times0.5\times0.7\times0.5\times0.3\cdots=0.23$，将 0.15 与 0.23 相加，小李活着的概率是 0.38。

小黄：他知道自己的枪法居中，小林是自己的最大威胁，也知道自己是小林最大的潜在威胁，所以他一定要射杀小林。不然，自己就会死，然后再去射杀小李。所以，小黄存活的概率是：$0.5\times0.7\times0.5+0.5\times0.7\times0.5\times0.7\times0.5\cdots=0.27$。

小林：他知道自己的枪法最准，是他们首先攻击的目标，而小黄是最大的潜在威胁，而且也知道小黄会首先杀自己，所以一定会先射杀小黄，再射杀小李。所以，小林存活的概率是：$0.5\times0.7=0.35$。

实训项目五：分椰子

$5\times5\times5\times5\times5\times5-4=15621$（个）

实训项目六：藏宝图

乙箱。如果甲箱上的字条是真的，“乙箱上的字条是真的，而且黄金在甲箱”这两个陈述就是真的。如此，则乙箱的字条说的是真的，“甲箱的字条是假的，而且黄金在甲箱”里的“甲箱的字条是假的”违反了最初的假设，因此不成立。如此可推论甲箱上的字条是假的，即其中至少有一个陈述是假的，可能是：（1）乙箱的字条是假的；（2）黄金在乙箱。若（1）乙箱的字条是假的，则表示甲箱的字条是真的（已证明不成立），或是黄金在乙箱。无论如何，黄金一定在乙箱！

实训项目七：取水

先用6升的桶装满水倒入5升的桶，然后把5升桶里的水倒出，把6升桶里剩余的水倒入5升的桶，再把6升的桶装满水倒入5升的桶。现在，6升的桶里就只有2升水。然后，把5升桶里的水倒出，把6升桶里剩余的水倒入5升的桶，再把6升的桶装满水倒入5升的桶。6升的桶里就只有3升水。

实训项目八：导弹相撞

导弹在碰撞前1分钟相距1000千米。左侧的导弹以每小时38000千米的速度行驶，右侧的导弹以每小时22000千米的速度行驶。相对速度为60000千米/小时，相当于每分钟1000千米。因此，它们在碰撞前的1分钟一定相距1000千米。

实训项目九：白加黑

盖天力公司发明了两种感冒药：一种感冒药服用后不瞌睡，另一种服用后不难受。整个药形象地取名“白加黑”，获得了巨大的成功。

七、应变思维实训

（一）实训的目的

在创新思维中，经常会面临各种变化。这就需要思维也随之相适应，否则就很难解决实际问题。所谓应变思维，是指随机应变、快速反应的一种思维。经由应变思维的系统训练，大学生将逐步掌握应变思维的基本知识、基本方法和基本技巧，最终达到创新思维的目的。

（二）实训的要求

1. 实训前，大学生要系统了解应变思维的有关知识及具体方式。

2. 先通过演示项目引导大学生体会应变思维的应用方法，再分组训练，后让大学生独立训练。

3. 大学生应随时随地做好准备，及时捕捉创意和商机。

4. 实训后，大学生要撰写训练心得。

（三）实训内容

实训项目一：粗心的中尉

连长告诉全体士兵："凡是进城的人，都要衣冠整齐，我要亲自检查。"新兵弗莱德准备外出，便第一个来见中尉。中尉一抬头，说："你的头发太长了，理完发再来见我。"弗莱德到理发室一看，里面挤满了人。他灵机一动，马上将皮鞋擦得又光又亮，又去见中尉。请问，弗莱德想干什么？

实训项目二：一张假币

有个商店来了一位顾客，拿出 10 元钱买一双布鞋。该鞋 7 元一双，因为没有零钱，鞋店老板拿着这张 10 元钱到隔壁小店换成零钱，找给顾客 3 元。第二天，隔壁小店来人说昨天的钱是假的，老板只好补给对方 10 元钱。请问，鞋店老板一共损失了多少钱？

实训项目三：面试应变

一位小姐去参加面试，前面已排了很多人了，而这家公司只招 3 个人。于是，这位小姐在一张纸上写了一行字，递给负责接待的先生："这张纸条非常重要，请你一定交给老板。"负责接待的先生照办了。终于等到面试了，这位小姐非常轻松地回答了老板的问题。最后，老板拿出她写的字条说："你的真实水平和我期待的一样。"结果，这位小姐如愿以偿。请问，这位小姐究竟写了什么？

实训项目四：识名有难

语言学家吕叔湘收到一封读者来信。他认真写好回信，却发现读者的签名过于潦草，根本无法辨认。他拿起信端详一番，突然想到一个办法。请问，这是什么办法？

实训项目五：巧取钻石

国王向大臣说："我这里有个瓶子，里面装着大小、重量、触感相同的石头 101 块。其中，黑石 50 块，白石 51 块。你可蒙眼自取数块。如果取出的黑石、白石数目相同，我便赐予你同等数量的钻石。"大臣犹豫不定，国王的随从提醒他："不要贪心，只要拿出两块，便有一半的机会得到钻石。"请问，是否还有更好的办法？

实训项目六：竖立鸡蛋

鲁滨逊被海盗掳去。海盗说，只要他不用道具，不毁蛋壳，能竖起鸡蛋，便释放他。鲁滨逊苦思冥想，终于在 10 分钟后，成功地使鸡蛋竖立起来。请问，他是如何做到的？

实训项目七：花仙

有一位青年上山采药，救了一位被狼咬了的漂亮姑娘。青年把姑娘领到家里，给她敷了药。天色渐晚，突然下起大雨，直到天快亮时才停。姑娘临走时，给青年留下地址，让他找她父亲求婚。青年来到姑娘家并说明来意。姑娘的父亲领他到院里，指着七朵一模一样的花说："我有七个女儿，都在这里。你如果能找到，就把她带回去。"青年毫不犹豫地把其中一朵摘了下来，那位姑娘立刻出现在他面前。请问，他是怎么看出来的？

实训项目八：应急思维

鲍罗奇以制造罐装食品著名。在一个专家食用鉴定会上，他打开一罐自家公司生产的"青菜罐头"请专家们品尝鉴定。在他掀开罐口的那一瞬间，他看见青菜叶里卷着一只小蚂蚱。鲍罗奇在头脑中迅速闪出一连串应急办法：向专家们解释掺杂小蚂蚱的原因；强调小蚂蚱是特殊调味料；强调小蚂蚱是营养添加物；强调是在考验专家们的眼力；强调是故意开玩笑；把小蚂蚱搅到罐底；故意失手泼掉，再换一罐。鲍罗奇最终采取的应急方法是什么，你能猜到吗？

实训项目九：即等慢待

一位农民用木锨扬场，一阵旋风吹来，一粒麦子吹进了农民的耳朵眼里。他用力去抠耳朵眼，却怎么也抠不出来。无奈之下，他只好去医院。一位年轻的医生对着耳朵眼研究了半天，又拿起各种器具鼓捣，累得满头是汗也无济于事。一位老医生问明情况后，说道："这样折腾，不但不管用，还可能将耳膜弄穿孔，严重的还会变成聋子。"农民急了："我不想成为聋子，快给我想想办法。""别急，我有一个办法。"老医生说，"你每天向耳朵眼里滴些清水，过不了几天问题就解决了。"两天后，农民觉得耳朵眼里很痒，又来到医院。老医生观察了一下，说："还需要两天。"到第四天，老医生轻松地把麦粒取了出来。请问，这究竟是怎么回事？

实训项目十：悬崖叫停

两位画家去山上作画，来到一处悬崖边。一位画家画了一幅画。画家有个习惯，喜欢退到比较远的地方观察自己的作品。这位画家完全忘记了身后悬崖，而一直向后退。危急关头，另一位画家有三种选择：大声叫喊，让他立即回来；猛扑上去，把他抱住；采用别的方式阻止他后退。第一种方法很不保险，那位画家很可能因为受到刺激而加速后退。第二种方法需要时间，未必能真正实现。那么，什么方法最好而且最有效呢？

实训项目十一：诱发灵感

有一位科学家，每天早上都会将工作中的难题记在一个小本子上。记下来之后，他就去做其他事情，不再去想它。到了晚上，他又拿出小本子来，把还未解决的问题看上几遍，然后睡觉。事实证明，这样可促使他随时都能出现有助于解决问题的灵感。请问，这位科学家获得的灵感属于哪一种类型？

（四）实训项目参考答案

实训项目一：粗心的中尉

"报告，中尉！"弗莱德把头抬得高高的，"请看，我的皮鞋擦亮了吗？""嗯，比刚才亮多了。"中尉足足看了3秒钟才回答，"你现在可以进城了。不过，要记住，下次外出要先擦皮鞋，然后再来见我。"

实训项目二：一张假币

20 元。10 元假币跟隔壁小店换，最后退回 10 元给隔壁小店，又找了 3 元给顾客，另外还损失一双鞋 7 元。总计 20 元。

实训项目三：面试应变

上面写着："我排在第 39 位，在您没有见到我之前，千万不要做决定。"

实训项目四：识名有难

吕先生把信上的签名剪下来，贴到信封上。

实训项目五：巧取钻石

在瓶中只留下一块石头，其他全数拿出。成功率与随从的建议同为 50%，一旦成功，获得的钻石数量是最多的。

实训项目六：竖立鸡蛋

他把鸡蛋煮熟后，再旋转蛋身，便竖立起来了。

实训项目七：花仙

因为昨夜下雨，其他花上都有水珠，而那位姑娘是雨停后才回去的，身上不会有水珠。

实训项目八：应急思维

迅速抄起勺子，舀起那片卷着小蚂蚱的菜叶，闪电般地送进嘴里，幽默地说："这么香的菜，我自己都忍不住要先尝一口。"

实训项目九：即等慢待

老医生从耳朵里取出的是麦苗。麦粒在耳朵里发了芽，在植物趋光性的作用下，麦芽向外长，成了医生的"抓手"。

实训项目十：悬崖叫停

那位画家飞快地抓住那幅画，撕得粉碎。那幅画的作者自然会停止后退，立刻冲过来。

实训项目十一：诱发灵感

这位科学家获得的灵感属于诱发灵感。

下篇

创新创业教育与实践

第一章　创新创业教育的本质特征

第一节　大学生创新创业教育的作用

创新创业教育是一个完整的系统工程，具备服务社会的功能、深化教育改革的功能和促进大学生全面发展的功能。

一、服务社会

作为一种典型的社会实践教育活动，创新创业教育有助于促进经济发展方式的转变，有助于加快建设创新型国家。一个国家的创新创业教育层级越高，社会效益和经济效果就越好，创新创业型人才的成长就越快，国民的物质文化生活水平的增长也就越快，整个社会的发展就更加迅猛。毫无疑问，如今的创新创业教育已经成为社会经济增长的重要促进因素。与此同时，创新创业教育还有利于彻底解决社会就业难题，消除社会不稳定因素。因此，大力发展创新创业教育对促进社会稳定、建设人力资源强国至关重要。尤其是那些接受了系统、全面、科学的创新创业教育的大学生，必将成为未来社会的财富创造者和发展推动者。

二、深化教育改革

开展大学生创新创业教育，将有助于深化教育改革。高等学校理应将创新创业教育纳入学校改革发展规划，纳入正规的教育教学评价体系。要针对传统教育理念进行深层次教育改革，完善相应的人才培养模式，优化现有的专业教育和课程体系。事实证明，这对提高高等学校人才培养质量，确保高等教育持续、健康发展至关重要。借助大学生创新创业教育，可以引导大学生树立科学发展观，可以创新教学内容、教学方法与评价方式，促进教育功能的跨越式发展，培养大学生的国际视野、开拓精神、创新意识。由此可见，大学生创新创业教育将带动教育改革的神话，以便更有针对性地培养适应市场经济要求、适应国家发展战略需要、适应世界高等教育发展趋势的新型创新创业人才。

三、促进大学生全面发展

从本质上说，创新创业教育旨在引导大学生走向成才和成功。为此，必须全面开发大学生的潜能，着力培养大学生的创新思维与专业技能，显著提升大学生的社交范围与经营管理水平。大学生接受创新创业教育后，能够确立科学的世界观、人生观、价值观，能够理性地规划自己的职业生涯，最终获得人生的幸福与成功。创新创业教育应当坚持以人为本、面向全体，引导大学生妥善处理个人与集体、社会之间的关系，逐步掌握立足社会的专业技能，不断提升自己的综合素质与创新思维，进而为将来的职场生涯打下坚实的基础。通过成功的创新创业，大学生的人格得以升华，理想得以实现，价值得以证明。

第二节　大学生创新创业教育的特点

创新创业教育是一种全新的教育理念和教育模式，具有传统教育难以企及的优势。其显著特点有以下几方面。

一、先进性

创新创业教育是一种全新的理念，具有先进性。创新创业教育属于新生事物，不但在我国还处于发展初期，在世界范围内，至今也没有一个完整、科学的理论模式可供参考，更没有一个统一的实践样板可资借鉴。与传统教育相比，创新创业教育瞄准的是未来教育发展的大趋势，因而极具前瞻性。要想实施创新创业教育，社会环境就要提供相应的条件。创新创业教育紧扣时代脉搏，在很大程度上丰富了创新型国家理论，体现了一种先进的时代精神。

二、系统性

现在的父母往往望子成龙、望女成凤，在孩子身上寄托了整个家庭的殷切期望。无数家庭的幸福与和谐又必然影响社会、国家、民族的发展，这是显而易见的。我国教育部颁发的相关文件，明确指出，必须把创新创业教育纳入高等学校专业教育和素质教育体系，优化和完善教学计划和学分体系，将创新创业教育课程建成多层次、立体化的教育教学体系。由此可见，创新创业教育本身是一个异常复杂、极为庞大的系统。创新创业教育的系统性主要表现在以下方面：第一，创新创业教育需要借助各种教育方式，这里边既有理论研究，也有实践探索；第二，创新创业教育的内容极为宽泛，涉及社会、经济、文化各个层面；第三，创新创业教育的成功实施，不仅取决于高校的教育教学，而且离不开社会各界的支持与理解，这也是其系统性的具体表现。

三、灵活性

与其他教育模式相比，创新创业教育并没有固定模式，而是具有很大的灵活性。所谓创新创业教育，可以理解为是以市场为导向、以能力培养为目标的一种特殊教育。在创新创业教育体系中，无论是新颖的体例、鲜活的内容，还是高效的实训、科学的思维，都可以灵活运用。随着环境的不同，创新创业教育可以选择不同的素材，针对不同层次的需要产生不同的价值。实践证明，创新创业教育可以借助灵活设计的教学环节、丰富多彩的教学手段，因地制宜地锻炼、培养、提高大学生各个方面的能力。尤其在个性化教育方面，创新创业教育将大有可为。

四、超越性

人既是感性的动物，也是理性的动物；既是现实的存在，也是超越现实的存在。作为现实的存在，人无疑是环境的产物。而作为超越现实的存在，人又会以其主观能动性去影响现实、改造现实。如果从时间维度加以审视，创新创业教育就是一个立足现实、面向未来，不断构建人生发展图景的过程。如果从空间维度加以审视，创新创业教育则是立足自身、注重现实，主动改造客观环境的过程。创新创业教育通过传输一种批判性思维的教育理念，激发受教育者不断反省、逐步提升，勇于挑战传统结论，善于开拓崭新世界。人既是社会的创造物，也是自身的创造物。这就意味着，人在创造社会的同时，实际上也在创造自我。创新创业教育有助于提升创造意识，进而培养将创造意识变成客观现实的能力。

（一）高扬受教育者的个性

所谓创新创业，也可以说是“我思”的过程、“我思”的结果。所谓“我思”，是指自我对环境的相关要素的排列组合，从而显现主体的独特个性。因此，创新创业教育应当在两个方面体现创新创业的本质要求。一是充分发挥主体精神。个体只有具备足够的自我意识，才能在社会生活的各个方面显现出自己的创新创业的欲望。从本质上说，创新创业是个体的自我开拓、自我发展、自我完善。二是培养独立个性。从某个角度来看，创新创业展现出个体的独立个性，这是个体区别于他人的主体精神的外化。在创新创业教育的过程中，教师必须充分调动大学生的积极性，促使大学生表现出更明显的创新创业行为。创新创业教育并不是随心所欲地改造大学生，而是合理引导大学生主动参与创新创业，在自主活动中实现自我的完善。开展创新创业教育时，应确立大学生是学习主体的教育观，将大学生视为完整的生命体，而非单纯的认知主体。教师应当把传授大学生知识的过程变成引导大学生探究知识的过程，这也是突出个性的题中应有之义。

（二）突出教育过程的开放性

所谓创新创业，往往需要我们选择新的视角，采取新的方式，追求新的理想。在创新创业教育的过程中，要想显现大学生的主体精神，要想外化大学生的独特个性，就需要注重教育的开放性。创新创业教育的开放性要求教师始终将大学生视为处于逐步发展过程中的身心两方面逐步改造、升华的人，始终将教学过程视为动态变化、不断更新的过程。开放的创新创业教育需要创造高度自由的思维时间与实践空间，借助生动活泼的主体活动，充分发挥主体作用。从某种意义上说，大学生在教学活动中的自主性集中体现了大学生身心发展的开放性与教师教学过程的开放性。一般说来，大学生在课堂上的智力活动主要包括两个方面：一是逐步掌握知识和能力的内化过程；二是通过主体活动表现个性品质的外显过程。其中，内化是外显的条件，外显则取决于内化的程度。关于这个问题，必须注意三个基本理念：第一，教师要让大学生确信，任何一种科学结论都有条件，一旦条件变化，结论也随之变化。第二，教师应开展开放式课堂讨论，努力创设一个鼓励大学生乐于表现、敢于参与的民主氛围，实现对知识的分享与对能力的提升。第三，教师应充分肯定大学生的求异思维，包括批判性的求异思维与发散性的求异思维。

（三）体现课堂活动的实践性

对于教师而言，一个无法回避的难题就是：如何最简单、最直接地引导大学生掌握创新创业的知识与理论、流程与技巧？为此，在创新创业教育中，必须改革传统的教学模式，将学生主体取代教师主体，最大限度地增强实践锻炼。从学校的角度来说，可以组织一批经验丰富的教师，借鉴先进地方的具体做法，尽可能地为大学生搭建创新创业的实践性平台，全面推广新型实践教学。在这个实践过程中，大学生将迅速掌握创新创业的本领，全面培养社会行动能力，学到许多书本上没有的社会生存之道和人际交往之法，进而更好地融入社会、适应未来。实践证明，加强社会实践是创新创业教育的重要环节，有助于大学生切实提高自己的综合素质与专业技能。创新创业教育之所以强调实践性，主要有三个原因：第一，只有借助实践，创新创业的理念才能真正转化为客观现实。第二，只有不断实践，大学生才能具备创新创业的意识和能力。第三，实践为大学生的创新创业提供了必要的问题情境，有助于引导大学生将目光与精力转向各种实际问题，进而在解决各种实际问题的过程中全面提高自己。对此，我们可以举个例子加以说明：有一个德国造纸厂的工人，因为粗心大意弄错了配方，生产出了一批无法书写的废纸，最终遭到解雇。这个工人并不沮丧，而是潜心研究这批废纸的性能。结果发现，这种纸的吸水性非常好。于是，他廉价买下这批废纸，切成小块，以“吸水纸”的名义出售，还申请了专利，受到市场的欢迎。可以说，这个貌似倒霉的工人之所以因祸得福，就是得益于他在绝境中追求变通的特质。在这里，他的创新并不是常规意义上的发明，而是简单地改变了用途。纸还是原来的纸，其他人称之为“废纸”，而他经过研究，发现了“废纸”的新用途，使之成为广受欢迎的“吸水纸”。

第二章　创新创业教育的体系构建

第一节　大学生创新创业教育的目标和主要内容

一、大学生创新创业教育的目标

（一）基本目标

创新创业教育是当今世界教育发展的大趋势，也是21世纪中国高等教育改革的必由之路。所以，创新创业教育被公认为学术教育、职业教育之后的“第三本教育护照”。大学生创新创业教育必须紧密结合我国高等教育的实际，着力推动以素质教育代替应试教育的历史进程，全面适应世界教育发展的大趋势，最大限度地提升大学生的创新创业素质，从而将大学生培养成新一代复合型人才，为大学生未来的人生发展开拓出更加宽广的空间。

创新创业教育特别注重对大学生探索精神的培养，引导大学生形成新思维、发现新事物、运用新方法，全面提升大学生的综合素质与专业技能。从广义的角度来看，创新创业教育的基本目标就是培养大学生的创新创业素质，弘扬主体精神，开发智慧潜能，构建大学生创新创业教育体系，营造有助于实施创新创业教育的全民教育和终身教育的良好氛围。

（二）具体目标

1. 引导大学生掌握创新创业所必备的基本知识。深刻理解创新创业的内涵及其特殊性，辩证分析创业者、创业机会、创业资源、创业计划和创业项目。

2. 引导大学生具备基本的创新创业能力。学会整合创新创业资源，学会撰写创新创业计划，熟悉新企业的开办流程与日常管理，提升管理企业的综合素质。

3. 引导大学生确立科学的创新创业观。主动适应社会发展需求，正确处理创新创业与职业生涯发展的辩证关系，积极投身到创新创业实践中。

二、大学生创新创业教育的内容

创新创业教育的内容是极其丰富的，涵盖面十分广泛。大致说来，主要包括创新创业的意识、创新创业的观念、创新创业的素质、创新创业的精神、创新创业的能力、创新创业的心理品质、创新创业的综合知识等的培养。这些内容涉及创新教育、创业教育、心理教育和专业教育等领域。在具体的教育方式上，可综合运用课堂教学、校内实践和校外拓展等方式。与此同时，还要提供大学生创新创业咨询、创新创业信息服务和创新创业技术支持，设立大学生创新创业扶持资金、大学生创新创业专项基金，搭建大学生创新创业科研平台。要组织好大学生的创新创业课程培训和创新创业实训，并提供优良的创新创业场所和创新创业基地。

（一）创新创业意识熏陶

所谓创新创业意识，是指人对创新创业活动所产生的心理倾向，具体包括需要、动机、意志等。在这里，需要好比是源，动机好比是泉，意志好比是刃，在很大程度上决定着创新创业者的言行。具备创新创业意识是开展创新创业活动的基本前提。大学生创新创业意识教育属于一种普及教育，其主要目的就是引导大学生实现商业扫盲、确立人生理想。大学生只有具备了创新创业意识，才能形成创新创业行动的思想基础。事实上，我们完全可以将这种创新创业意识理解为“开拓意识”，相当于我们常说的“闯劲”。在创新创业教育初期，应着力培养大学生的开拓意识。

（二）创新创业观念教育

从本质上讲，创新创业观念属于思想范畴，是对创新创业的价值、目标及活动的基本认识。大学生创新创业观念教育旨在引导大学生更新创新创业观念，避免误入歧途。大学生尤其要修正“大学生是天之骄子”的传统观念，避免那种“守株待兔”式的消极被动就业。从学校角度来看，要避免传统的守业型教育，否则培养出来的大学生将很难适应知识经济时代的人才需求。

（三）创新创业素质提升

有一位著名的物理学家认为，现在大学生存在的主要问题并不是获取知识的问题，而是发展思维能力的问题。他形象地说：“所谓素质，就是你将所学的知识全部忘光之后还留存下来的东西。”因此，大学生要进行创新创业，首先就要具备相应的创新创业素质。创新创业素质的覆盖面很广，主要包括政治素质、道德素质、心理素质、技能素质、身体素质等。政治素质事关大学生创新创业的努力方向，道德素质对大学生的创新创业起到规范作用，心理素质反映了大学生对创新创业的风险与困境的承受程度，技能素质直接影响大学生创新创业的成败，身体素质则是大学生进行创新创业的前提。

（四）创新创业精神激励

所谓创新创业精神，是指致力于创新创业的人所具备的勇于进取、善于创新、敢于担当、勤于总结、甘于吃苦、乐于合作等精神品质。美国斯坦福大学曾进行过一项研究，在 30 年中追踪 800 人的成长过程。结果发现，那些成就最大的 20% 的人与那些成就最小的 20% 的人有一个根本区别：自信心、进取心、持恒心截然不同。由此可见，大学生要想成为创新创业者，就必须具备与时俱进、开拓创新，不耻最后、敢为人先的精神，真正学会自我发展和自我管理。

（五）创新创业心理品质塑造

健康的心理品质是从事一切工作的基本前提，自然也是创新创业成功的必要条件。所谓创新创业心理品质，是指创新创业实践中表现出来的个性特征，具体包括与创新创业有关的人格特质、心理素质、情感意志等。在开展大学生创新创业教育的过程中，教师要高度重视大学生普遍存在的心理脆弱、素质缺陷等问题，进行有针对性的指导，培养大学生不惧风险、不怕挫折、善于团队合作、乐于攻克难题等心理品质。

（六）创新创业能力强化

所谓创新创业能力，是指创新创业活动所必备的核心素质与专业技能。面对不同的创新创业环境，大学生必须妥善解决创新创业过程中遇到的各种问题，确保创新创业活动最终取得成功。一般说来，创新创业教育应侧重培养大学生的创新创业认知能力、创新创业专业能力、创新创业社会能力等。

（七）创新创业综合知识构建

阿基米德说："给我一个支点，我就可以撬动地球。"这句富有哲理的话，给予无数人深刻的启迪。从某种意义上说，综合知识就是创新创业的支点。如果缺乏与创新创业相关的综合知识，单凭满腔热情，创新创业是很难成功的。事实上，创新创业活动是一项极其复杂的系统工程，广泛涉及多领域、多学科的知识范畴。因此，大学生必须根据创新创业活动的客观需要，逐步构建相应的综合知识体系。一般说来，创新创业综合知识体系具体包括：与创新创业活动相关的专业知识；与创新创业活动相关的技术知识；与创新创业活动相关的经营知识；与创新创业活动相关的管理知识；与创新创业活动相关的法律知识等。举例来说，创新创业过程中必然涉及政策法规、税收制度、市场环境的分析，必然涉及经济核算、企业经营管理、商务谈判、公共关系运作等。如果缺乏相关的综合知识，开展创新创业势必寸步难行。

第二节　大学生创新创业教育体系的构建

人才是强国之本，创新是民族进步之魂。在全面建设创新型国家的征途上，创新型人才的培养至关重要。在这个过程中，大学生显而易见是创新型人才的主力军。为此，我们必须高度重视大学生创新创业教育，尽快构建一套相对完善的大学生创新创业教育体系。

一、构建大学生创新创业教育体系的意义

大学生创新创业教育体系的构建是一项长期的、复杂的系统工程，关系到多个创新创业主体。就宏观而言，它有助于提高国民经济的整体素质，有助于增强国家的整体竞争力。就微观而言，它对系统中的各个主体均会产生长期的积极效应。

（一）推动高校教育改革

我国高校的大一统教育模式亟待改革。一个显而易见的事实就是：全国相同专业、类似专业培养出来的人才往往整齐划一。如果仔细研究高校的教育理念、教育目标与教学内容、教学方式，就会发现高校教育依然停留在“知识传递”的初级阶段，即注重教学内容的稳定性，突出教学内容的单一性，强调知识的记忆和重现，将教学过程视为知识积累的过程，形成教师讲、学生听的单向教学模式，在学习方式上也以模仿、背诵、操练为主。显而易见，这种传统教育模式已经无法满足创新创业型人才的培养需求。从本质上说，创新创业教育旨在培养大学生的创新创业意识、创新创业思维、创新创业能力，这与我国高等教育的改革方向是完全吻合的。这就需要采取多元化的教学方法，着力培养大学生的创新创业能力，不断提升大学生的综合素质与专业技能。因此，高校理应选择创新创业教育这个突破口，构建与时俱进、开拓创新的符合时代要求与满足社会需求的教育模式。

（二）增强大学生适应社会的能力

高等教育相当于是大学生真正步入社会之前的最后阶段。大学生进入社会，需要的不仅是专业知识与专业技能，更需要一种适应社会的能力。创新创业教育高度重视大学生综合能力的培养，其中就包括对大学生的社会适应能力的培养。在这个过程中，应着眼于大学生未来适应社会需求的难题，着力挖掘大学生的创新创业潜能。大学生创新创业教育不仅整合了系统的理论知识、专业技能的教育，而且更加关注对大学生的多层级、全方位、系统化的思维训

练、方法培养，更加关注对大学生的个性特质与心理健康的提升。在教学方法上，大学生创新创业教育注重课堂教学、情景模拟、亲身实践之间的有机融合。尤其是对大学生实践能力的培养和对大学生就业模拟的培训，有助于大学生尽快体验社会、更深认识社会、更好适应社会，真正具备立足社会的各种应变能力。

（三）缓解大学生的就业压力

近年来，大学生的就业压力有增无减。从某种意义上说，大学生就业压力的出现是高等教育大众化的必然结果。随着高校毕业生数量的急剧增加，大学生就业形势日趋严峻。为此，国家出台了多种政策解决大学生就业问题，其中就包括鼓励高校毕业生自主创业的政策。通过创新创业教育，大学生逐步提升综合素质，不断增强就业竞争力。与此同时，相当一部分大学生借助自主创业，既解决了自身的问题，也在客观上减少了总体求职人数。需要强调的是，这部分自主创业成功的大学生还为社会提供了可观的就业岗位，也在无形中缓解了大学生的就业压力。

（四）为社会提供更多的优质人才

实践证明，创新创业教育不仅能促进大学生的创新思维和创业意识，而且引导大学生开展创新创业实践，并取得可喜的成果。例如，“挑战杯”竞赛，每年都会产生一大批大学生的科技发明、创业项目、新型技术，促进了我国科学技术的发展。

二、大学生创新创业教育体系的构建

所谓体系，是指由相关事物或意识构成的具有特定功能的有机整体。所谓大学生创新创业教育体系，是指由大学生创新创业教育的社会资源和政策环境所组成的系统。事实上，大学生创新创业教育单靠高校自身是难以实现的，必须由政府、高校、企事业单位及大学生共同参与，构成一个典型的“三位一体”的联动配合系统。在这个大系统下面，具体包括政策支持系统、教育支持系统、资金支持系统、基础设施支持系统、服务支持系统等。

在创新创业教育体系中，每一个主体都发挥着特殊的功能，由此融合成一个联动的有机整体，确保这个体系得以存在、发展与完善。

在大学生创新创业教育体系中，高校是大学生创新创业教育任务的主要承担者，其职责是圆满执行教育任务，着力培养大学生的创新创业理念、创新创业意识，引导大学生掌握创新创业的实现途径和具体方法，并提供相应的场地支持、人员支持、资金支持、技术支持；政府主要发挥政策支持的作用，提供社会保障和社会资源，鼓励和引导大学生创新创业，为大学生创新创业创造良好的外部环境；企事业单位主要提供实践平台与孵化成果；至于大学生，则是整个体系的核心，接受来自高校、政府及企事业单位的教育服务和教育支持，由此掌握创新创业的综合素质与专业技能。

三、我国当前大学生创新创业教育体系存在的问题

当前，在国家相关政策的积极引导和大力支持下，全社会已经形成了一定的创新创业教育氛围。无论是政府、高校、企事业单位，还是大学生，都对大学生创新创业问题有了更新、更深的认识，并在实践中取得了一定的成绩。但毋庸讳言，我国当前大学生创新创业教育体系仍然存在着一些亟待解决的问题。

（一）未形成创新创业教育的合力

当前，从严格意义上说，高校、政府、企事业单位及大学生这种“三位一体”的大学生创新创业系统尚未形成真正的有机整体，各主体之间缺乏明显的联动效应，还没有形成大学生创新创业教育的合力。高校与地方政府职能部门在教育方面的合作极为单一，主要是由地方政府提供场地支持，而其他合作极少。高校与企事业单位的合作也不够充分，通常只是由企事业单位为大学生提供实习机会，至于资金支持、成果孵化功能支持，目前还未提上议事日程。此外，地方政府对参与大学生创新创业教育的企事业单位缺少政策支持，直接导致这些企事业单位缺乏参与的积极性。

（二）高校创新创业教育的条件不足

目前，绝大多数高校的创新创业师资严重紧缺。就来源而言，主要是从事企业管理学科教学的专业教师和从事学生就业工作的就业指导教师。这两部分教师比较擅长理论教学，但缺乏创业实际经验，因此，实际上并不算是合格的师资。当然，有些教师是政府部门工作人员和商界人士，但这两部分教师通常属于兼职教师，主要通过讲座形式授课，他们虽然学有所长，但在教育教学方面显然是外行，也同样不合格。因此，完全称职的专门教师的缺乏已成为大学生创新创业教育的第一个瓶颈，亟待解决。大学生创新创业教育的另一个瓶颈就是资金缺乏，这也是高校开展大学生创新创业教育的一大难题，具有相当的普遍性。高校在确保正常教学条件之余，很难在大学生创新创业教育方面投入大量经费。至于社会投入，由于大学生创新创业教育还处于起步阶段，并存在周期性长和明显的不确定性，而导致相关主体缺乏积极性。

（三）大学生创新创业的政策不够完善

尽管我国各级政府部门已针对大学生创新创业问题制定了相应的政策和实施办法，但从实际执行情况来看，依然存在政策体系不够完善的问题。一些政策措施单独看起来是不错的，一些资源保障表面上似乎也已到位，但由于缺少相应的配套政策，往往无法真正兑现，严重影响了大学生创新创业教育的开展。例如，一些地方政府职能部门中的工商、税务等部门在进行大学生创业项目审批时，要么不执行政策，要么没有制定配套政策。此外，所谓的税收优惠也没有真正落实。政府部门以外的国有企业往往以营利为目的，对于不确定性较强的大学生创新创业教育缺乏支持的动力。由于各种原因，导致支持大学生创新创业教育的政策不严密、欠连贯、缺配套，各项优惠政策难以落实，严重影响了大学生创新创业教育工作的顺利开展。

四、完善大学生创新创业教育体系的建议和对策

（一）加强创新创业教育各主体的合作

1. 加强政府与高校的合作

在我国，政府是无可争议的最大的资源支配者。因此，做好资源协调是政府的基本职责。能否构建一个相对完善的大学生创新创业教育体系，关键就看政府的支持力度。当前，政府与高校的合作已有一定基础，但力度还远远不够。为此，必须从以下三方面下功夫。一是共同完善大学生创新创业的环境，具体包括制定完善的制度、营建成熟的市场、落实有力的保障、实现到位的监督等。二是政府应加大资金支持。政府应加大对大学生创新创业教育的专项资金的投入。三是教育行政主管部门要加强对高校大学生创新创业教育的指导，在相关教改项目的设置上为创新创业教育留有一席之地。

2. 加强高校与企事业单位的合作

与高校相比，企事业单位无疑拥有更丰富的创新创业教育资源，尤其在教育实践基地、科研成果孵化、创业项目转化方面，企事业单位的优势是无法比拟的；而对于企事业单位来说，高校是其人才引进、人才储备、技术创新的重要支持者。由此可见，高校与企事业单位本身存在着相互依赖的互补关系。在大学生创新创业教育上，高校与企事业单位的合作存在着广阔的提升空间：一是共同建立大学生科研成果孵化、创业项目转化的优良平台，促进大学生成功地创新创业。二是充分发挥企事业单位的资金优势与技术优势，支持大学生创新创业教育。三是充分利用企事业单位丰富的实践经验，为大学生创新创业教育提供项目指导、咨询服务。

3. 加强政府与企事业单位的合作

企事业单位，尤其是企业，往往存在典型的逐利特性。因此，在支持大学生创新创业教育方面，一些企业考虑到利益回报周期长、不确定因素多等现实问题，往往缺乏主动支持的自给性。为此，政府可以借助宏观调控，在资源整

合、税收优惠、资金投入上，向那些积极支持大学生创新创业教育的企事业单位倾斜，鼓励企事业单位主动参与大学生创新创业教育。

（二）高校要完善创新创业教育的必备条件

1. 完善创新创业教育的教学条件

首先，要明确大学生创新创业教育在高校教学体系中的地位。具体说来，要明确以下内容：课程体系设置，即必修课、选修课的配置；课程内容涵盖及学时设计；重点授课对象等。同时，要系统制定大学生创新创业教育教学规划，明确指导思想，规范课程设置。

其次，在课程体系设置上，要注重与专业课程、其他学科课程的有机结合。要强化大学生创新创业教育课程的创新性和实用性，突出其多层次、立体化的特质。

最后，在教学方式上，要重视对大学生创新创业意识、创新创业精神、创新创业实践能力的培养，逐渐形成课堂教育、模拟训练、创业实践紧密结合的培养体系。

2. 加强创新创业师资队伍建设

首先，高校可在本校内精心选拔、悉心培养部分专业教师，专门从事大学生创新创业教育。要定期开展培训，经常组织交流，不断提升这部分专业教师的综合素质与专业技能。

其次，鼓励引入外部师资。大学生创新创业教育对师资的实践经验有特殊要求，因此，社会上的专业的人力资源、创业指导与咨询等机构的师资力量是高校师资的有力补充。

最后，企业家、政府人士也可以大学生创新创业兼职导师的身份参与进来。尽管他们在教育教学方面存在先天不足，但他们自身所拥有的丰富的实践经验、宝贵的社会资源是不可轻视的。

3. 加强高校创新创业基础设施建设

大学生创新创业教育往往对配套设施有较高要求。一般说来，除了常规课堂教学所需的公共设备和公共设施之外，还需要场景模拟、创业者演练沙盘等设备设施。具备条件的高校可以自行建立具有一定规模的基地，但最好还是与政府、企事业单位合作，创建更规范、更专业的“创新创业园区”“成果孵化基地”。

（三）政府要完善大学生创新创业教育政策体系

1. 完善大学生创新创业教育政策

大学生创新创业教育政策的完善是一项极其复杂的系统工程，属于公共政策生命周期中的重要组成部分。为此，必须从三个方面下功夫：一是注重政策的完整性。相关政策既要涵盖大学生创新创业教育的全过程，也要积极鼓励地方政府、企事业单位主动支持大学生创新创业教育。二是注重各项政策之间的协调性。要实现顶层设计，从根本上消除各项政策之间存在的实际冲突，确保政策的匹配度与衔接度。三是注重政策的实效性。要定期听取高校和大学生的意见和建议，逐步优化相关政策。

2. 完善大学生创新创业的法律制度建设

目前，我国制定的大学生创新创业的政策多数还属于通知、意见，并不具备真正意义上的法律效力。因此，政策的连贯性和持续性就难以得到保证，大学生创新创业缺少有针对性的法律制度保障。事实上，完善的法律制度不仅能确保各项政策的落实，而且能引导大学生增强法律意识。

3. 加大大学生创新创业政策的实施力度

通俗地说，任何一项政策实际上都是相关资源的特殊安排。实施政策时，需要政府协调相关利益方，鼓励它们积极支持、参与、实施大学生创新创业教育。政府的政策不能停留在宏观层面，而应切实抓好政策的落实，真正兑现对大学生创新创业教育的支持。

4. 加强大学生创新创业政策执行的监督

政府既是政策的主要制定者，也是政策执行过程中的主要监督者。监督政策执行是政府的一项基本职能。尤其是在当前我国社会组织监督体系不够完善的情况下，政府监督就显得至关重要。因此，政府必须高度重视对大学生创新创业政策执行的监督工作。

五、大学生创新创业教育课程体系构建

从某种意义上说，课程体系是大学生创新创业教育的核心。当前，我国大学生创新创业课程还处于起步阶段，迫切需要建立包括创新创业意识、创新创业知识、创新创业能力、创新创业实践等方面内容在内的多层级、多类型的课程体系。要制订科学合理的创新创业人才培养计划，贯穿于整个大学教育的全过程。具体说来，可以建立三个层次的课程体系。

（一）通识课程层

该层次课程以激发大学生创新创业意识、培养大学生创新创业精神为主，面向全体大学生，贯穿于整个大学教育的全过程。

（二）专门课程层

该层次课程主要针对创新创业意愿强、创新创业潜质高的学生，通过案例阐释、情景模拟等教学方式，提升大学生创新创业的综合素质与专业技能。

（三）实践课程层

该层次课程精心设计各类创新创业实践活动，注重课程与项目、活动的有机结合，有针对性地增强大学生创新创业的实战能力。

以上三大层次课程模块形成一个系统的创新创业教育课程管理结构体系。总体而言，必须以素质为前提、以知识为指导、以实践为媒介。三者相辅相成，不可偏颇。

六、大学生创新创业教育实践课程体系构建

（一）影响大学生创新创业活动成败的因素

决定大学生创新创业活动成败的因素很多，总结起来，主要包括创新创业的激情、心态、创意、团队、管理经验、市场运作能力等。

（二）大学生创新创业实践课程体系构建

1. 建立职业规划指导研究中心

大学生创新创业是极其复杂、极具综合性的过程，具有明显的模糊性、不确定性和风险性。这就要求大学生创新创业者必须潜心学习、掌握市场经济、组织协调、资源整合、经营管理等各方面的知识，并具备战略眼光、经营技能。因此，高校在创新创业教育中，可建立职业规划指导研究中心，负责对大学生进行职业规划指导。为了增强效果，可实行双导师指导制度：一是优秀的专业导师，注重大学生专业素质的提升，尤其注重大学生专业的科研能力的提升，以科研促进创新创业；二是成功企业家，向大学生讲授创新创业经验、市场现状、专业知识等。

2. 营造创新创业氛围

高校应着力营造浓郁的创新创业氛围，这对培养创新创业型人才至关重要。可以借助广播、校报、橱窗等，大力宣传大学生创新创业的价值所在，树立创新创业的榜样。既注重理念灌输，也注重典型塑造。要充分整合校内外教育资源，组织高质量的大学生创新创业报告、大学生创新创业论坛。实践证明，这种浓郁的创新创业氛围有利于唤醒大学生的创新创业意识，有利于促进大学生的创新创业实践。

3. 开设 SYB（START YOUR BUSINESS，创办你的企业）创新创业专训班

高校可以开设 SYB 创新创业专训班，对大学生进行系统而专业的创新创业培训。借助 SYB，可以为大学生提供系统的创新创业知识培训和深刻的创新创业精神体验。要围绕典型案例，引导学生进行专业剖析，培养大学生的创新创业实践能力。同时，将市场化运作的社团活动和项目化运作的社会实践、大学生对外拓展等活动，作为大学生创新创业的实践载体。可以组建“虚拟公司”，引导大学生轮流担任不同角色，真切体验创新创业型公司的运作过程，提高解决各种突发事件的能力。

4. 促进学校产学研一体化发展

高校应注重将自身的技术优势转化为产品优势，发挥教师在产学研一体化发展过程中的导师作用，对大学生实施传、帮、带。针对大学生创新创业团队的特长和需求，每个团队都可聘请专业导师和创新创业导师。学校应主动帮助大学生创新创业团队联系和推荐校内外导师，并对每位导师进行聘任。对于优秀导师，还应给予精神奖励和物质奖励。

5. 依托专业社团开展大学生创新创业实践活动

为了促进专业教育与社会实践的结合，高校可以依托专业团队，建立大学生社团和专业学习实践基地，并以此增强大学生创新创业的实践能力。

6. 借助竞赛帮助大学生实现创新创业的社会转化

高校每年可以举办校系大学生创新创业竞赛，推荐优秀者参加省市创新创业竞赛和全国“挑战杯”等创新创业竞赛。通过竞赛这种特殊形式，一方面，普及创新创业知识，展示创新创业成果，评价创新创业能力，倡导创新创业文化；另一方面，发现和培养创新创业人才，将相对成熟的创新创业团队推向市场，帮助大学生完成从学校创新创业到社会创新创业的转化。

7. 成立“创新创业俱乐部”

“创新创业俱乐部”的成员主要包括：致力于创新创业的大学生，致力于创新创业的校友，创新创业导师，企业家，风险投资机构负责人，等等。可进一步增加互动环节，邀请校友、企业家、风险投资机构负责人举办沙龙、论坛，或积极参与培训、评审等活动，指导大学生创新创业。“创新创业俱乐部”还应定期开展素质拓展训练，在寓教于乐中增强大学生的团队意识和组织管理能力。

8. 创办大学科技开发与创新创业服务中心

大学科技开发与创新创业服务中心是一种更为专业的技术创新主体，能够为大学生创新创业提供孵化器。大学科技开发与创新创业服务中心应充分利用大学的师资、技术、设备等资源，为大学生创新创业教育提供配套设施。

七、大学生创新创业支撑体系构建

（一）大学生创新创业支撑体系的理论基础

在工业经济逐渐向知识经济转移的过渡期，知识创造能力与技术创新能力成为竞争能力的决定因素。因此，知识与人力资本就成为经济增长的动力与源泉。在知识经济时代，很多国家开始注重对国家创新系统的研究，这实际上是源自众多学者对美国和日本在二战后实现创新发展和经济高速增长的反思。克里斯多夫·弗里曼认为，绝大多数的新技术的发现、引进、改良和传播都要通过国家创新系统才能实现。朱迪·埃斯特琳认为，国家创新生态系统的可持续性主要取决于研究、开发、应用这三大群落之间的健康平衡。事实上，大学与企业紧密合作、科技成果产业化正是美国创新生态体系的重要特征。C. W. 威斯纳认为，公共政策在无形中强化了国家创新生态系统各主体之间的联系，促进了创新与变革。

关于国家创新系统，世界各国近年来在理论研究、政策决策层面进行了卓有成效的探索。美国正是得益于对创新系统的高度重视，才获得了硅谷模式、互联网经济的巨大发展。当前，我国进入经济发展新常态，迫切需要借助创新驱动发展战略的系统理论，摸索一条符合中国国情、具有中国特色的发展之路，进而完成从制造大国向制造强国的历史转变。国家创新系统理论尤其关注政府、高校和企业等社会组织的作用，其中的政产学研合作是国家创新系统的重要组成部分。事实证明，高校与企业的合作、政府出台的产业扶持政策、系统运行的各个环节都会对政产学研合作过程产生深远的影响。

（二）大学生创新创业支撑体系发展现状

当前，国家大力支持大学生创新创业，希望借助大学生创新创业带动高质量就业，缓解经济发展新常态下的就业压力。从现实考虑，高等教育已进入大众化阶段，大学生就业工作需要形成政府、高校和企业的合力，充分发挥协同效应。清华大学、中国人民大学作为创新创业教育试点高校，近年来开展了以提高大学生综合素质为宗旨的创新创业教育培养工作。一些高校积极倡导并定期组织创新发明竞赛，实施创业项目实践。例如，“全国挑战杯大学生科技竞赛”“创青春创业设计大赛”等赛事就有1000多所高校的200多万大学生参与其中。

当前，我国高校科研水平逐步提升，社会服务职能不断加强。我国政府对高校的政策扶持力度不断加大，取得显著成效。作为申报主体，高校承担了大量中央和地方政府的科技项目，促进了社会经济发展和科技进步。据不完全统计，在国家自然科学奖、国家技术发明奖和国家科学技术进步奖中，高校所获奖项占通用项目总数的2/3。但是，《中国高校知识产权报告》显示，尽管我国高校专利授权年平均增长率超过20%，但实施转化的比率很低。有许多原创型新技术、新材料、新工艺，由于政府政策配套缺失、企业合作资金缺位，导致产业转化实施率低。

八、政产学研协同合作支持大学生创新创业

（一）高校服务国家经济发展的社会职能

按照社会学研究的成果，现代意义上的大学身兼三大社会职能：一是人才培养；二是科学研究；三是服务社会。其中，人才培养是大学的核心职能，科学研究是大学的重要工作与人才培养的重要载体，服务社会则是人才培养和科学研究功能的合理延伸。当然，随着社会的不断发展，大学的社会职能也在逐步演进，至少在表述上正在不断更新与优化。例如，有学者认为，大学具备教学、科研和创业三大功能。其中，教学功能和科研功能侧重知识生产、知识储备、知识传播，而创业功能则是指大学借助科研创新、知识创业来最大限度地促进社会经济发展。

（二）政产学研合作服务大学生创新创业的行动对策

当前，建立政产学研协同创新机制是大势所趋。要想鼓励大学生进行创新创业活动，就需要政府、高校、企业和其他社会力量形成合力，构建多方参

与、协同互动的孵化服务平台。在国家创新驱动战略的指引下，需要尽快完成相关的机制建设。这些机制主要包括大学生创新创业培养机制、大学生创新创业评价机制、大学生创新创业激励机制等。通过机制建设，政产学研各方就能最大限度地发挥各自的比较优势，高校有望成为技术“策源地”，政府可以发挥“政能量”，企业努力释放“催化剂”。由此，就能搭建一个大学生创新创业的政产学研协同创新支撑体系。

为实施国家创新驱动发展战略，政府应全面建设创业型社会，着力培养各类高质量、高素质的科技创新创业人才，为大学生创新创业提供优惠的扶持政策与完善的发展平台。各高校应从自身实际出发，切实搞好发展规划，进一步优化和完善大学生创新创业教育机制。要善于进行顶层设计，促进教育、学工、产业等部门协同合作，实行主体责任制，进一步加大督导考核力度，将大学生创新创业教育贯穿于教育、教学、教改、教研的全过程。

对于大学生而言，企业得天独厚的真实场景、现代化实训装备，有助于大学生迅速提升创新创业能力。无论是地方政府还是高校，都应进一步完善企业扶持政策，积极开展科技攻关，找准各方合作的共赢点，最大限度地促进大学生创新创业的成果转化，最大限度地促进政产学研的紧密结合。企业可以借助科研工作站、实习实训基地，联合高校成立技术创新联盟，围绕科研项目、人才培养、科技成果产业化等开展高效合作。

（三）政产学研合作支撑体系合作博弈

在政产学研合作博弈的实践中，政府、企业和高校都能充分发挥各自的优势。例如，政府具有政策指导优势，高校具有技术资源优势，企业具有产业化资源优势。按照合作博弈理论，只要能给联盟带来利益，相关合作就有可能顺利进行。与非合作博弈相比，合作博弈的最大特点就是以集体理性为出发点。这里所说的集体理性不仅不与个体理性相对立，而且以个体理性为基础。换句话说，如果个体理性无法得到满足，集体理性也就无从实现。在服务大学生创新创业活动的合作博弈中，如果利益分配不合理，服务主体之间的合作就会变成非合作博弈，最终导致合作的彻底失败。因此，构建服务大学生创业活动合作方的利益分配机制至关重要。

（四）政产学研合作支撑体系建设对策

在国家大力实施创新驱动发展战略的宏观背景下，如何具体开展政产学研合作支撑体系建设呢？总体而言，主要有以下三大路径。

1. 成立服务大学生创新创业工作的专门机构。可以依托一些区域性的优势产业，支持竞争力强、有助于带动地方经济发展的大学生创新创业项目。帮助大学生进行创新创业信息统计、创新创业成果交流、创新创业人才培养、创新创业跟踪服务。搭建科技成果展示交流平台，主动为那些科技含量较高的大学生创新创业项目对接资本，助推科技成果落地生根、开花结果。定期开展培训辅导、技能提升等活动，为大学生创新创业提供各种优质服务。

2. 落实大学生创新创业孵化运营工作。为此，高校可以选择大学科技园作为载体，目的就是实现科技成果产业化、促进区域经济发展。教育部《关于大力推进高等学校创新创业教育和大学生自主创业工作的意见》明确提出，要以国家大学科技园为核心载体，重点建设高校学生科技创业实习基地。高校应搭建孵化支持服务平台，系统开展针对大学生的教育教学、实习实训、创新设计、创业模拟、创业就业工作，进一步完善高校创新创业教育体系。

3. 形成多个子系统良性循环的创新创业生态系统。这里所说的子系统，主要包括高校、政府、企业、学生等。要始终坚持市场需求这个导向，借助政府引导和高校支撑作用，充分调动、整合各种社会资源，全面推动高校孵化、政府扶持、产学研合作的运营模式。在这种运营模式中，相关主体各负其责，共同服务于地方经济发展：政府重点提供社会保障支撑体系；高校重点提供创业人才、科技成果资源；专业孵化机构重点提供创新创业平台。

第三章　创新创业教育的过去、现在与未来

第一节　我国创新创业教育的发展历程与现实问题

我国创新创业教育的发展历程

1997年，清华大学举办了第一届“挑战杯”大学生创业计划大赛，就此拉开我国创新创业教育的序幕。发展至今，创新创业教育在我国已有20多年的历史。在这个过程中，国家出台了一系列有关创业教育的指导性的政策文件。就发展历程而言，我国创新创业教育大致可分为四大阶段：一是萌芽阶段（1999—2002）；二是试点阶段（2002—2008）；全面推进阶段（2009—2015）；三是深化发展阶段（2015—至今）。

（一）萌芽阶段

为全面应对世界高等教育的发展趋势、全面满足我国高等教育的发展需要，我国在20世纪末先后颁布了《面向21世纪教育振兴行动计划》和《中共中央国务院关于深化教育改革全面推进素质教育的决定》。这就意味着，我国政府已将创新创业教育纳入国家整体发展战略之中。但国家尚未出台针对创新创业教育的专门教育政策，证明我国的创新创业教育实践还处于萌芽状态。

（二）试点阶段

2002年，教育部高教司发布了《创业教育试点工作座谈会纪要》，确定包括清华大学在内的9所高校为“创业教育试点”，正式拉开创新创业教育在我国高校试点的序幕。这一阶段，国家始终将创新与建设创新型国家、与解决就

业民生大事紧密相连，说明国家更加重视创新创业。与此同时，创业教育在我国高校已从单纯的理论研究走向真正意义上的实践探索。

（三）深化发展阶段

2009 年，高等教育学会在湖南召开会议，决定成立中国高等教育学会创新创业教育分会。这标志着高校创新创业教育的发展已经有了专门的学会组织。此后，国家出台的有关高校创新创业教育的政策文件更加具体、更加明确，证明国家加大了对高校创新创业教育的支持力度。现阶段，创新创业教育正在全国如火如荼地发展，探索形成了许多创新创业教育模式。其中，比较典型的包括：清华大学深圳研究院的“大学—政府—企业”的创新创业教育生态网模式；浙江大学的“全链条式”创新与创业教育教育体系；大连大学的“三层次、四平台”创新与创业教育模式；燕山大学的“一体两翼三结合”的创新创业教育体系。这一切都说明，我国创新创业教育已初具成效。

第二节　国外大学生创新创业教育的经验及启示

一、国外大学生创新创业教育的先进经验

一些国家很早就开展了大学生创新创业教育，无论在理论研究方面，还是在实践操作方面，都积累了很多经验，给予了我们有益的启迪。

（一）美国

说到美国创新创业教育的起源，一般都会认定是 1947 年美国哈佛商学院开设“新创企业管理”课程。在众多创业者心目中，美国哈佛商学院开设的这门课程堪称美国创业学课程的鼻祖。1983 年，美国得州大学奥斯汀分校举办了“首届大学生创业竞赛”。这是美国创新创业教育得到蓬勃发展的一个重要标志。从这个时候开始，类似的各种创业大赛为创新创业教育的发展提供了宝贵的机会。大学生逐步接受和理解了创新创业教育，创新创业教育与教育实

践实现了良好的对接。如今，美国拥有多种创新创业刊物和上百所创业教育研究机构，多数高校都开设了各类创新创业课程。通过研究发现，美国创新创业教育至少有三个方面值得我们借鉴。首先，创业条件便利，创业氛围浓郁。在美国，大学生如果想创业，可以用“便捷”来形容。例如，加州大学就流传一句话：“如果想要创业，你只要交 100 美元，填一张不超过 100 字的表格，直接寄给加州政府，就可以了。”在美国开办公司，程序相对简单，确实方便快捷，尤其是大学生创新创业，能够得到创业教育基金的资金支持。除此之外，美国允许失败和勇于尝试的民族个性也为大学生创新创业营造良好的社会氛围。其次，政府大力支持，社会保障体系健全。为了鼓励大学生创新创业，美国政府出台了多部相关文件和法律，提供相应的政策支持。国家大力发展创新创业教育，成立创新创业教育基金，设立研究机构，大学生能够得到良好的教育和锻炼。美国的信贷制度比较健全，风险市场相对完善，这也为大学生创新创业提供了理想的平台和基本的保障。最后，教育和研究趋于系统化。美国设有创业学专业，这门专业的学生可考取博士学位。例如，百森商学院每年授予四分之一的本科毕业生创业学学士学位。总体而言，美国高校的创新创业教育理念与培养理念、专业化师资、系统化课程体系、丰富的实践教学活动、深入的科学研究，都值得我们借鉴。

（二）英国

英国的创新创业教育开始于 1987 年的“高等教育创业计划”。经过 30 多年的发展，英国的创新创业教育已经取得了显著的成绩。一方面，政府提供的资金支持、政策支持迅速推进了创新创业教育的发展。另一方面，高校的课程普及、课程设置、课程改革均取得较大突破。英国政府出资成立了英国科学创业中心，其主要职能包括：完成创新创业教学任务；充当创业孵化器，鼓励技术转化，并提供相应的资金、服务和帮扶。英国大多数高校都将创新创业教育纳入学校发展规划，为大学生创业提供资金，并整合各类社会资源给予大学生持续不断的支持。

（三）韩国

韩国的创新创业教育起步较晚。1998 年，韩国成立创业中心。此后，高校也开始积极鼓励大学生开展创新创业活动。据相关资料统计，2001 年，韩国青年中愿意自主创业的比例位居世界第一。毫无疑问，这与韩国的创新创业教育的发展是密切相关的。2002 年的调查也显示，当年大学应届毕业生中做好创业准备的大学生比例也位居世界第一。这两个世界第一充分说明，韩国高校的创新创业教育已深入大学生内心。在韩国，高校拥有众多的创业型组织，成立了创业研究中心，专门为大学生创新创业提供智力支持和资金支持。

（四）新加坡

新加坡的创新创业教育起步较晚，但发展异常迅猛。其中，最典型的就是新加坡的国际化创业教育体系。例如，新加坡国立大学已与印度科学研究院、美国斯坦福大学及宾夕法尼亚大学、中国复旦大学、瑞典皇家技术学院合作，创建了五个分院。这些学院所开设的专业和课程都具有十分明显的创新创业特点。更值得借鉴的是，这种国际化的办学模式能够集众家之所长，经由综合提炼、融化创新，逐渐形成极具前瞻性的国际化课程体系。新加坡的高校还定期委派教师去国外顶级大学深造，进一步提升教师的创新意识和国际化视野。新加坡的高校普遍采用实践式教学，带领大学生实际创业、下工厂考察、进行经典案例分析，最大限度地提升大学生的创新创业能力。

（五）印度

印度在 1966 年提出“自我就业教育”，鼓励大学生创新创业。在印度，众多的全国范围内的创业比赛都是由高校委派师生设计和组织的。这样做，不仅显著提升了师生的创新创业能力，而且能充分调动师生创新创业的积极性。各高校普遍聘请优秀的企业家讲授创业课程，指导学生开展创业实践。印度的历史发展具有一定的特殊性，拥有其他非英语国家所不具备的独特的语言优势。很多印度高校使用原版英文教材，由此能有效地接受欧美国家先进的创新理念的熏陶。

二、国外创新创业教育的启示

（一）政府加大扶持力度

高等教育改革要想获得长足的推进，始终离不开政府的大力支持。事实上，健全的保障机制是开展创新创业教育必不可少的先决条件。因此，政府应当出台一系列政策措施，加大对大学生创新创业的扶持力度。具体说来，在大学生创新创业的过程中，可以帮助大学生筹集创新创业资金，提供创新创业咨询服务及经营场所，进一步简化大学生创新创业的相关手续和相关程序。此外，那些由政府组建的创新创业机构可以向大学生提供免费的培训与帮扶，促进大学生创新创业活动顺利开展。对那些创新创业遇阻受挫的大学生，可以提供基本的生活保障，消除这些大学生创新创业的后顾之忧，进而放开手脚、大胆尝试。从长远考虑，政府应高度重视大学生创新创业的师资培训工作，为这些教师提供更多的教育、教学、教研、教改的实践机会，增强他们的创新创业意识，提升他们的创新创业能力。政府还可以将学校和企业联系起来，打造大学生创新创业实践基地，为大学生提供一个创新创业实践的场所。

（二）完善创业服务体系

高校应积极建设大学生创业实习基地或大学生创业孵化基地，为大学生创新创业搭建实践平台。要强化大学生创业实习基地或大学生创业孵化基地的管理，调动方方面面的积极性。要善于整合各方资源，重视与政府、企事业单位的合作，逐步构建大学生创新创业帮扶体系。要定期组织大学生开展创新创业培训，这也是迅速提升大学生创新创业能力的必由之路。可根据大学生创新创业的实际需要来确定培训内容与培训形式，既增强针对性，又避免资源浪费。在实际培训中，可围绕商业计划书、创业注意事项、经营管理、法律法规来进行。必要时，还可邀请著名企业家担当大学生的创业导师，为大学生的创新创业活动保驾护航。

（三）加强对创新创业教育的研究

理论是行为的先导。理论研究一旦得以深入，实践探索的脚步也会随之逐渐加快。当前，学术界有关创新创业教育的研究论文逐年增多，研究范围逐年扩展，具有一定的研究深度与研究广度。尽管这些理论研究具有不同的研究角度，但总体上都涉及对创新创业教育的内容、现状、方法、原则等的研究，都涉及对创新创业教育体系、机制、实施等的探索。这些研究成果令人振奋，必将在很大程度上助推创新创业教育的实践发展。目前，很多高校高度重视创新创业教育，并在教育改革中付诸实施。据不完全统计，清华大学、南开大学等30多所高校已经设立了创新创业教育研究中心，并积极与国际接轨。这些不同层级、不同类别的理论研究，必将为大学生创新创业教育增添新的动力，并在很大程度上助推我国创新创业教育的蓬勃发展。

第三节　对我国创新创业教育未来发展的思考

一、创新创业教育的内涵应趋于多元化

对于创新创业教育的内涵，不能局限于创新创业理念教育、创新思维培养，还应包括创业精神培养和创新创业的实践探索。否则，仅仅是纸上谈兵，最终还是镜花水月。当然，不同层级、不同类别的大学的创新创业教育模式不能千篇一律，而应因地制宜、因时制宜，尽力而为、量力而行。

二、创新创业教育的目标应逐步深化

创新创业教育的目标定向至关重要，不管是过于滞后还是过于超前，都会影响创新创业教育的实际成效。在创新驱动发展战略环境下，创新创业教育的人才培养标准与目标、教学内容与模式、教学方法与手段，都应遵循高等教育发展规律，立足全球视野、时代高度与未来需求，进行逐步深化。

三、创新创业教育的方向应是产学研协同创新

创新创业教育应着眼于产业应用和学术前沿，借助企业、政府、高校的紧

密配合，将各种资源有机地整合在一起，最大限度地促进科技成果的转化应用，真正实现科技与教育的有机结合。要协同各个创新主体和创新要素，构建创新创业教育的创新生态系统，推动创新创业教育协调发展。

四、创新创业教育的思路应不断拓展

随着共享经济的长足发展，创新创业教育也应当打破传统高校各自为战的局面，真正实现“协同”与“合作”。这样做，有助于优化配置创新创业教育资源，有助于建设以大数据为基础的创新创业教育共享平台。要充分利用科技创新来推动创新创业教育发展，努力探索构建新时代的创新创业教育体系。

第四章　大学生创新创业教育

第一节　大学生创新能力训练

大学生创新能力可以通过在课程教学、学科竞赛、专项课题研究等途径中训练来实现。

一、在课程教学中训练创新能力

（一）在课程知识学习中训练创新能力

1. 采取多样新颖的教学方法

教师可根据教学内容，选择多样新颖的教学方法，激发大学生的思维。要充分发挥教师的主导作用和学生的主体作用，进行师生之间、生生之间的多向探讨。教师可多准备一些极具趣味性、探索性的练习题，调动大学生的求知欲与表现欲、成就感与进取心。大学生在教师的引导下积极思考，有助于培养创新思维。

2. 建立协作学习小组

教师可指导大学生组建协作学习小组，并适时传授相应的创新学习方法。大学生在这种协作学习中，能迅速提高发现问题、分析问题、解决问题的能力，迅速掌握形成新设想、产生新方案的规律、途径、手段、方法。通过协作学习，师生之间、生生之间能碰撞出思维的火花，互相启发，共同进步。

3. 激发创新精神

在实际教学中，教师要善于将自己的主导作用和学生的主体作用有机地结合起来。要根据教学的具体内容，针对大学生的身心状态，采取各种形式，创设各种情境，提出各种问题，最大限度地拓展大学生的思维空间。要鼓励大学生勇于质疑，善于提出假想，激发大学生的创新精神。

4. 启发想象力

在教学中，教师可有意选择一些发散点，引导大学生进行创造想象。允许大学生采取各种形式表现自己心中的构想，并进行与众不同的诠释。考虑到不少大学生能力偏弱，可借助小组合作想象的形式，引导大学生边讨论边思考。事实证明，在这个过程中，大学生的想象力将得到显著提升。

（二）在实践中训练创新能力

1. 开设创新实验项目

与普通意义上的实验训练不同，创新实验注重运用课程专业知识去解决实际问题。大学生要想圆满完成创新实验项目，必须进行深入思考。面对既没有现成答案又没有标准答案的问题，大学生需要自行设计方案，自主寻找答案。创新实验项目对提升大学生的创新能力极有裨益。

2. 任务驱动

任务驱动的教学方式，能为大学生提供各种情境，有助于实践与感悟。大学生围绕任务开展研究，既有助于在实践中掌握理论知识，也有助于提高专业能力。其实施过程包括：

（1）明确具体任务。例如，某新产品在某市的上市推广。

（2）设定任务目标。例如，在多长时间内让这种新产品的知名度达到多少。

（3）完善规则要求。例如，分组进行；按期设计新产品上市推广方案。

（4）关注相关反馈。例如，创意源自哪里？你获得了哪些收获？

3. 情境模拟实训

情境模拟实训非常接近于实战，其核心就是最大限度地还原真实的场景，引导大学生置身其中，亲自感受创新实践。这种实训不仅能给予大学生真实的创新现场感，而且能够帮助大学生领悟创新的特点与规律，还能促使大学生关注自身的创新思维缺陷。例如，进行智力激励法的实训，可模拟公司会议的场景，确定会议的时间、地点、主题、流程、要求，引导大学生在极为真实的模拟情境中研究问题、解决问题。

4. 案例训练

案例训练将案例的情境与训练的内容有机地联系起来，引导大学生领悟案例与实训知识之间的紧密联系。在教师的启发、引导、组织、调控下，大学生积极动脑，畅所欲言，彼此交流，共同完善。在这个过程中，大学生的创新思维自然会得到增强，创新能力自然会得到提升。

（三）在科研过程中训练学生的创新能力

1. 学校搭建大学生科研训练平台

大学生科研训练平台由学校搭建，平台质量直接影响大学生创新意识的培养质量和创新能力的训练质量。平台要从三个方面下功夫：一是激发大学生的科研兴趣；二是为大学生提供科研条件；三是在政策和经费上给予大学生有力支持。

2. 教师提供科研项目并指导实施

教师应指导大学生申报科研项目，并传授选题、搜集整理资料、提炼论点、论证阐述等相关技术。教师应借助讨论小组，引导大学生既敢于独立思考问题，又善于认清自己思维的局限性、善于借鉴他人思维的优势。

3. 学生借助科研培养创新能力

学校和教师是科研训练的辅助因素，大学生是科研训练成功与否的内因。大学生要科学认识科研训练与创新能力培养的关系，通过参加系统的科研训练来提高创新能力，并由此培养精诚合作的团队精神。

二、在学科竞赛中训练创新能力

（一）在专业学科竞赛中训练大学生创新能力

1. 竞赛内容

竞赛内容的确定有三种方式：一是按照参赛标准自行设计作品；二是为现实难题提供解决方案；三是构建一个场景来说明学科知识的实际运用。

2. 竞赛准备

学科竞赛需要参赛者具备过硬的心理素质。学科竞赛周期较长，参赛场数多，难度系数、强度系数逐渐增大。因此，参赛者必须拥有超强的忍耐力和抗压力。

3. 竞赛方式

参赛者可根据自身条件，各显神通，可以通过网络、文献资料、书籍、光影磁盘等途径获取信息；可借助人际脉络网，形成自己的“军师团”，集思广益。

（二）基于“挑战杯”平台训练大学生创新能力

1. 构建创新能力培养体系

全面改革传统教学模式，形成三大平台：一是实践教学平台；二是实训教学平台；三是创新教学平台。创新教学平台应涵盖科技或社会活动项目、竞赛活动或项目、创新作品或创业成果，并形成基础层、综合层、提高层。

2. 建设三支队伍，培养两个梯队

这里所说的三支队伍，具体包括专业教师队伍、组织管理队伍和科技活动骨干队伍。这里所说的两个梯队，具体包括指导教师梯队和参赛选手梯队。专业教师队伍在大学生创新教育中起着重要作用，为培养大批创新人才提供基础条件。组织管理队伍主要由学生工作者组成，与大学生联系密切，对大学生具有潜移默化的影响。科技活动骨干队伍在培养大学生创新能力方面居功至伟，不可或缺。指导教师梯队在某种意义上决定了大学生科技创新活动的层次和质量。参赛选手梯队的培养，有助于在全国性大赛及省市级大赛中取得优异成绩。

3. 建立创新教育的有效载体

对大学生来说，参加课外科技活动是一个典型的自主探索的过程。在这个过程中，大学生会不断发现问题、提出问题，逐步分析问题、解决问题。这样一来，大学生就从传统的被动学习状态转变为主动学习状态。就本质而言，大学生课外科技活动更强调创新创造，更崇尚探索研究，属于大学生创新活动的理想平台。

4. 为项目孵化提供条件

把项目“扶上马”后，只要项目还有提升空间，就应该在创业道路上“送一程”。因此，在条件具备时，学校可设立科技创新“孵化器”，支持那些具有较强实际操作能力和良好市场前景的创新创业项目。

三、在专项课题研究中训练创新能力

（一）高校自设的大学生创新创业项目

各高校可针对学校、专业、学生的实际，从培养大学生创新能力的客观需要与长远目标出发，设立一些创新专项科研课题，供本校大学生申报，有意识地培养本校大学生的创新能力。例如，有的大学设立了“大学生科技文化创新/创业项目”“大学生科技和旅游文化创新/创业项目”等，取得显著成效。

（二）地方政府设立的大学生创新创业项目

各高校所在的省、市政府部门设立了一些大学生创新创业项目。学校可以充分利用这些创新创业项目，积极支持大学生参与其中。学校应动员大学生主动申报，并安排专人进行全流程指导。从某种意义上说，这种参与活动的真正目的并不是最后的立项成功。即使没有立项，在这个过程中，大学生的创新创业意识、精神与能力也得到了卓有成效的提升。

第二节　大学生创业准备

一、心理准备

1. 强烈的创业欲望

大学生创新创业与普通的打工相比，不仅付出多，而且风险大。因此，如果没有强烈的创业欲望，是难以胜任的。即使勉强坚持一段时间，最终也会半途而废。强烈的创业欲望往往源自两个方面：一是对现状强烈不满，试图追求更高的理想生活；二是受到现实生活的刺激，不甘心平庸地生活下去。大学生一旦具备了强烈的创业欲望，就会催生出挑战自我、一往无前的精神，并能从中享受乐趣。

2. 不怕失败，敢于冒险

创业是存在风险的，即使创业有成，也依然随时存在各种风险。因此，矢志创业者对此要有足够的心理准备。既要不怕失败，因为创业过程中的失败往往是常态；还要敢于冒险，这里所说的冒险并非违法乱纪、胆大包天，而是敢于突破常规思维，并不惜付出相应的代价。事实上，那些成功的创业人士往往天生具有冒险精神。

3. 自信心和进取心

创业需要很多资本，但与资金、名望、人脉、能力相比，自信心和进取心往往更加关键。创业者要清醒地意识到，创业者不同于打工者，必须具备超强的心理承受能力。要始终相信自己，不断追求新境界，敢于承受任何失败，勇于在挑战自我的过程中超越自我。具备自信心和进取心的人，往往拥有非凡的梦想。这种非凡的梦想促使他们不畏艰险、永不言弃。

4. 创新意识和创业能力

创业者必须具备创新意识和创业能力，否则，再美好的愿望也很难变成活生生的现实。创业者不能思维求同，而要注重求异思维，不满足于现状，不迷信权威。只有这样，才能发现别人难以发现的商机，把握别人难以把握的良机。在信息搜集和资源整合方面，创业者都应力争专业。一旦具备了专业的创业能力，在同等情况下，创业者的成功概率就会大大提升。

二、知识准备

（一）企业组织管理知识

1. 企业组织管理的概念

所谓企业组织管理，是指为了达成某种目标，科学确定组织成员、组织任务及组织活动，合理配置组织资源、高效协调组织行为的活动过程。

2. 企业组织管理的任务

企业组织管理的任务主要有三个：一是建立组织结构；二是明确组织关系；三是制作组织结构图和职位说明书。

3. 基本的组织结构形式

（1）直线职能制组织结构

直线职能制组织结构是最常见的组织形态，实际上是直线制结构与职能制结构的有机结合。在各级行政负责人下，设置职能部门，负责专业管理，实行主管统一指挥与职能部门参谋、指导相结合。这种组织结构的优点：一是既能确保统一指挥，又能发挥部门作用；二是分工精细，责任清晰；三是相对稳定。这种组织结构的缺点：一是部门之间缺乏沟通，难以集思广益；二是直线部门与职能部门很难统一目标，上层主管面临大量协调工作；三是管理人才很难从内部培养；四是因循守旧，难以应对各种变化。一般来说，这种组织结构适合创新创业的初始阶段。

（2）事业部制组织结构

所谓事业部制，是指按照产品、地区或顾客来划分，将研发、采购、生产、销售等部门组合成一个相对独立的单位的组织结构形式。在总公司领导下，设立多个事业部。每个事业部都拥有独立的产品或市场，具有很强的管理权，实行独立经营、独立核算。这种组织结构往往以产生目标和生产结果为划分基准，实行典型的分权化管理。这种组织结构的特点：一是集中政策，分散经营；二是生产经营管理专门化；三是独立核算。这种组织结构适合规模大型化、经营多样化、竞争激烈化、产品复杂化、地区广泛化的企业。

（3）矩阵式组织结构

所谓矩阵式组织，是指是在一个机构组织型态下，为完成某一特别任务，另外成立专案小组，配合原组织。实际上，它是按职能划分的部门和按产品划分的小组的有机融合。其中，职能部门属于固定组织，项目小组属于临时组织。一旦项目小组完成使命，即自行解散，相关人员仍回原部门工作。这种组织结构的优点：一是目标任务明确，由专人负责相关工作；二是团队成员无后顾之忧，不会分心；三是可最大限度地整合资源、优化流程；四是反应快速，效率较高；五是可尽量避免资源浪费；六是项目运行符合公司规定，不易产生冲突。这种组织结构的缺点：一是项目管理难以实现权力平衡；二是信息回路相对复杂。这种组织结构适合重大攻关项目。

（二）企业战略管理知识

1. 企业战略及类型

所谓企业战略，是指企业因环境的变化，根据自身实力，为实现生存、发展与完善而确立战略目标、制定战略原则的谋划。企业战略具有指导性、全局性、稳定性、竞争性、系统性、风险性，主要有成本领先战略、差异化战略、集中一点战略。

2. 企业战略管理的概念

所谓企业战略管理，是指通过对企业战略的制定、实施、评价，以确保企业战略目标有效实现的管理。

3. 企业战略管理遵循的原则

企业战略管理必须遵循四大原则：一是适应环境原则；二是全程管理原

则；三是全员参与原则；四是反馈修正原则。

4. 企业战略管理的任务

企业战略管理的任务主要是战略制定、战略实施、战略控制与战略评价。

（三）市场营销知识

1. 市场营销的概念

所谓市场营销，是指旨在满足他人或组织的需求所采取的一系列活动过程。德鲁克强调指出，企业的重要职能无非是创新与营销。这就充分说明了市场营销的重要性。

2. 树立正确的营销观念

有什么样的营销观念，就有什么样的营销行为和营销结果。因此，只有树立正确的营销观念，才能引导企业走向营销成功。就历史演变而言，企业营销观念经历了生产观念、产品观念、推销观念、市场营销观念、社会营销观念这五个阶段。

在当今社会，企业必须树立市场营销观念和社会营销观念。所谓市场营销观念，是指针对消费者的需求进行销售的营销观念。所谓社会营销观念，是指企业既要满足消费者的近期需要，又要维护消费者的长远利益，更要关注环境保护、社会经济可持续发展问题的营销观念。

3. 市场营销环境分析

所谓市场营销环境，是指影响企业营销的所有因素所组成的营销环境。市场营销环境具体包括宏观营销环境和微观营销环境。其中，宏观环境因素包括政治、经济、法律、自然、科技、文化等，微观营销环境因素包括营销渠道、市场、竞争者、公众等。

因此，宏观市场营销环境分析旨在弄清企业营销所面临的机会和威胁，微观市场营销环境分析旨在弄清企业营销所存在的优势和劣势。

4. 目标市场战略

目标市场战略主要包括市场细分、目标市场选择和市场定位。

（1）市场细分

所谓市场细分，是指企业按某种标准，将整个市场划分为若干个子市场或次子市场的过程。例如，电视机市场就可细分为彩色电视机和黑白电视机两个子市场。一般来说，不同的细分市场的消费者的需求是不同的。对消费者市场进行细分的标准主要有地理因素、人口因素、心理因素、行为因素。至于产业市场的细分变量，也涉及追求利益、使用者情况、使用频率和对品牌的忠诚度等。

（2）目标市场选择

所谓目标市场，是指企业营销活动所要满足的市场与企业进入的市场合二为一。选择目标市场，有助于明确服务对象，这对于实施企业营销战略、完成企业营销任务都是至关重要的。企业在选择目标市场时，必须全面分析企业资源、产品特点、市场特性、产品生命周期、竞争对象状况及策略等因素。企业确定目标市场后，就可采用三种市场营销策略：一是无差异市场策略，将整体市场视为一个目标市场，推出单一的标准化产品，实施统一的营销方式；二是差异化市场策略，将整体市场进行市场细分，分别提供不同的产品、采取不同的营销计划；三是集中市场策略，重点经营一个或几个细分市场，实行极具针对性的专业化生产和定制化销售。

（3）市场定位

所谓市场定位，是指综合考虑竞争者的实力、消费者的需求、自身产品的特质，为自身的产品设计相应的个性或形象，借助强有力的营销传递给消费者，从而确定该产品的市场位置。市场定位的价值是赋予企业及其产品鲜明的特色，与竞争对手及其产品区分开来，并最大限度地满足顾客的需求。换句话说，市场定位的关键就是要确定产品的核心价值，将买点与卖点进行完美的结合。一般来说，市场定位将经历三个步骤：一是明确竞争优势；二是选择竞争优势；三是显示竞争优势。

5. 市场营销策略

市场营销策略直接决定了营销活动的成败。一般来说，企业最基本的营销策略即产品策略、渠道策略、价格策略、促销策略。

（1）产品策略

产品策略堪称营销策略的核心，对其他营销策略具有决定作用。产品策略可细分为产品组合策略、产品生命周期策略、新产品开发策略。产品组合策略是指为满足消费者的需求，对企业提供的产品类别进行谋划的策略。这种策略有两大目的：一是满足消费者的多样化需求；二是实现企业利益的最大化。所谓产品生命周期策略，是指根据产品所处的生命周期阶段，采取不同的营销手段的策略。一般说来，产品的生命周期包括投入期、成长期、成熟期、衰退期。投入期重在提高产品的知名度；成长期重在扩大生产规模，降低产品成本，塑造品牌形象；成熟期重在降低价格，借助差异化获取市场份额；衰退期重在逐步退出市场。

（2）渠道策略

渠道策略就是为将企业产品快速转移到消费者手中而采取的策略。渠道策略的核心问题在于是否在企业产品分销中使用中间商，使用多少中间商。一般来说，不使用中间商属于直销渠道，使用中间商属于间接销售渠道；使用中间商环节少属于短渠道，使用中间商环节多属于长渠道。企业究竟选择哪种渠道策略，应全面分析产品、市场、企业、中间商、竞争者、经济形势及法规规定等因素后决定。

（3）价格策略

在所有营销策略中，价格策略是最灵活的。价格的制定主要考虑三大因素：一是产品成本；二是市场需求；三是竞争对手。其中，成本决定最低价格，需求决定最高价格。总结起来，定价策略可进一步细分为五种策略：一是新产品定价策略；二是折扣与让价策略；三是心理定价策略；四是地理定价策略；五是产品组合定价策略。

（4）促销策略

所谓促销策略，是指采取多种方式，有效地激发消费者的消费欲望，促使其产生购买行为的策略。为增强促销效果，往往会采取组合促销的做法。所谓组合促销，是指根据产品特点和营销目标，综合评判各种影响因素，整合各种销售方式，以便达到促销成效最大化的促销方式。按照促销对象的不同，促销策略可分为两种：一是推式策略，以人员推销为主，将产品推向市场，逐步渗透进分销渠道，最终抵达消费者；二是拉式策略，以广告推销为主，将消费者吸引到企业的特定产品上来，促使消费者主动向中间商询购相关产品。

（四）生产运作管理知识

1. 生产运作管理的概念

生产运作管理属于管理的职能领域，旨在对企业提供的产品、服务进行设计、运行、评价和改进，从而实现价值增值。

2. 生产运作系统

生产运作系统具有销售、设计、加工、交货等功能。生产运作系统主要由四部分组成：一是系统设计，如选址、制订计划、制定工作标准；二是运行，如生产的组织；三是控制，如成本、质量、库存、计划的执行；四是变革，如JIT、敏捷制造。

3. 生产运作管理的目标与任务

生产运作管理的目标是通过必要的投入，实现高效的产出。生产运作管理的任务有三个：一是搞好生产系统的建设；二是编制并执行生产计划；三是对生产过程进行有效控制。

4. 生产运作管理的内容与手段

生产运作管理的内容主要包括生产计划管理、采购管理、制造管理、质量管理成本管理、设备管理、现场管理、库存管理、士气管理、精益生产管理等。生产运作管理的手段主要包括生产标准化、目视管理、信息化、ERP 和绩效考核等。

（五）企业财务管理知识

1. 企业财务管理的概念及对象

所谓企业财务管理，是指贯穿于企业经营活动的方方面面，在企业目标的指导下，组织财务活动、处理财务关系的经济管理。企业财务管理的对象是企业的资金及运作。

2. 企业财务管理的特征

企业财务管理具有三大特征：第一，企业财务管理是企业所有管理活动的基础和中心；第二，企业财务管理与企业的各个方面都有密切联系；第三，企业财务管理能真实反映企业生产经营状况。

3. 企业财务管理的目标

企业财务管理的目标是生存、发展和获利。在历史上，企业财务管理目标经历了利润最大化、股东财富最大化、企业价值最大化的演变过程。

4. 企业财务管理的内容

企业财务管理主要包括四个方面的内容：一是筹资管理，通过筹资渠道和资本市场，经济高效地筹集企业所需的资本，以便增加企业利益、减少相关风险；二是投资管理，对流动资金和固定资产的投资活动进行有效管理，以便发展生产、获取利润、降低风险；三是营运资金管理，旨在解决企业应投资多少流动资产和怎样进行流动资产的融资这两个问题，进一步提高营运资金使用效率；四是利润分配管理，遵循依法分配、资本保全、兼顾各方利益、分配与收益积累并重、投资与收益对等原则。

（六）税务基础知识

1. 税收的概念

所谓税收，是指为实现国家职能，凭借政治权力，依照法律规定，通过税收手段，参与国民收入分配，强制取得财政收入的一种特定分配方式。

2. 与企业相关的税种

（1）增值税

所谓增值税，是对销售货物或提供加工、修理修配劳务以及进口货物的单位和个人就其实现的增值额征收的税种。目前，增值税已成为我国最主要的税种之一，其收入超过我国税收的60%。增值税由国家税务局征收，75%为中央财政收入，25%为地方收入。增值税在征收管理上分为一般纳税人和小规模纳税人。如何划分一般纳税人和小规模纳税人呢？一是按销售额标准划分。工业企业应税销售额在50万元以上、商业企业应税销售额在80万元以上的为一般纳税人，低于该标准的为小规模纳税人。二是按会计核算标准划分。低于前边应税销售额标准的小规模纳税人，只要会计核算健全，能够正确计算销项税额、进项税额和提供税务机关要求的其他资料，经税务机关批准，也可认定为一般纳税人。对于一般纳税人，增值税以商品销售额为计税依据，按税法规定的税率计算出商品应负担的增值税额，然后扣除生产商品所耗用外购物资在以前生产流通环节已缴纳的增值税，扣除后的余额为企业应缴纳税额。对于小规模纳税人，目前有两种征收方式：一是查账征收；二是核定征收。两种征收方式的征收率一样，区别在于：前者需要建账，后者由税务主管机关根据纳税人的实际经营情况核定定额，定期按照定额向税务机关进行纳税申报。

（2）消费税

所谓消费税，是指对特定消费品和消费行为征收的税。消费税根据税法确定的税目，按照消费品的销售额、销售数量分别采用比例税率、固定税额标准和复合税率，税率最低3%，最高45%。消费税的纳税期限、征收的依据与增值税的纳税期限相同。

（3）营业税

所谓营业税，是指对有偿提供应税劳务、转让无形资产和销售不动产的单位和个人，就其营业收入额征收的税。营业税按照应税劳务或应税行为的营业额或转让额、销售额依法定的税率计算缴纳。娱乐业实行20%的税率，其他税目的税率为3%或5%。

（4）企业所得税

所谓企业所得税，是指国家对企业的生产经营所得和其他所得征收的税。企业所得税的征税对象是纳税人取得的所得，具体包括销售货物所得、提供劳务所得、转让财产所得、股息红利所得、利息所得、租金所得、特许权使用费所得、接受捐赠所得和其他所得。企业所得税的税率为25%；符合条件的小型微利企业，减按20%的税率征收企业所得税；国家重点扶持的高新技术企业，减按15%的税率征收企业所得税。

（5）个人所得税

所谓个人所得税，是指以自然人取得的各项应税所得为对象的税，适用于中国公民和在我国取得收入的外籍人员。应税所得项目个人所得税的应税项目具体包括：工资、薪金所得；个体工商户的生产经营所得和对企事业单位的承包、承租经营所得；稿酬所得；劳务报酬所得；特许权使用费所得；财产租赁所得；财产转让所得；利息、股息、红利所得；偶然所得；经国务院财政部门确定征税的其他所得。税率个人所得税分别按不同个人所得项目，规定超额累进税率和比例税率两种形式。工资、薪金所得适用5%～45%的九级超额累进税率，个体工商户的生产经营所得和对企事业单位的承包、承租经营所得适用5%～35%的五级超额累进税率。

三、资源准备

（一）创业资源的概念

所谓创业资源，是指企业创立及成长过程中所需的各种生产要素和支撑条件。

（二）创业资源的类型

按照对企业战略规划的参与度，可将创业资源分为两大类：一是直接资源，如财务资源、管理资源、市场资源、人才资源等；二是间接资源，如政策资源、信息资源、科技资源等。

（三）创业资源的重要性

常言道："巧妇难为无米之炊。"资源对于创业者的重要性，就好比"米"对于"巧妇"的重要性。

1. 创业资源与创业过程的关系

一般来说，创业过程可分为创业前的机会识别、创业后的发展壮大两个阶段。其中，机会识别与创业资源密不可分。顾名思义，机会识别就是对潜在的创业机会的分析、考察、评价，其实质是创业者判断能否获取足够的资源来支持创业活动。

2. 创业资源的重要性

在创业资源中，技术资源是创业前最关键的资源。真正的创业者拥有两大法宝：一是核心技术；二是一流团队。这里所说的技术资源主要回应这样一些问题：我们能提供什么产品或服务？这些产品或服务能满足或实现人们的什么需求？谁需要这种产品或服务？

创业企业成立后，人力资源就成为企业持续经营最重要的资源。人力资源主要包括两个方面：一是创业者及其团队的特长和知识、激情；二是创业者及其团队的能力、经验、意识、社会关系、市场信息等。财务资源在创业中不是最重要的约束，因为资金可通过团队成员的能力、团队拥有的技术去获得。但是，离开了财务资源，创业就寸步难行。相比之下，整合资源的能力远远胜过所有单一的创业资源。究其原因是我们不可能预见创业后的所有问题，而一旦形势发生变化，整合资源的能力就显得至关重要。通过卓有成效的资源整合，我们不仅可以充分发挥固有资源的价值，而且还能将许多原本不为我们所有的资源吸引过来，为我所用。

（四）创业资源的获取途径

1. 获取技术资源的途径

创业起步阶段，获取技术资源的主要途径包括：一是吸引技术持有者加入创业团队；二是购买他人的成熟技术；三是购买他人的初级技术，再进行升级；四是同时购买技术及其持有者；五是自行研发。

2. 获取人力资源的途径

这里所说的人力资源不是指创业企业成立后招募的员工，而是指创业者及其团队拥有的知识、技能、经验、人际关系、商务网络等。对于大学生创业者来说，获取人力资源的途径主要包括：一是打工；二是模拟公司运作；三是参加校园创新创业大赛或挑战杯大赛；四是拜访行业领军人物；五是与优秀的人共事。

3. 获取营销网络的途径

一般情况下，新创企业获取营销网络的途径主要包括：一是借用他人的营销网络；二是使用公共流通渠道；三是将自建的营销网络与他人的营销网络有机地结合。

4. 获取外部资金资源的途径

获取外部资金资源的途径主要包括：一是依靠亲朋好友筹集资金；二是抵押、银行贷款或企业贷款；三是争取政府相关计划的资金支持；四是所有权融资；五是设计一个创业计划，吸引大学生创业基金及风险投资基金的目光。

第三节　创业团队建设

一、创业团队及其重要性

（一）创业团队的概念

创业团队的概念有狭义和广义之分。狭义的创业团队是指共定创业目标、共享创业收益、共担创业风险、经营新成立的营利性组织的一群人。广义的创业团队则是在狭义创业团队的基础上，还包括与创业过程有关的风险投资商、供应商、专家咨询群体等。

（二）创业团队的重要性

创业团队是由一群“目标一致、优势互补、利益共享、责任和风险共担”的人组成的，这种团队合作的整体业绩必然超过团队成员个人业绩的总和。因此，创业团队具有抱团取暖般的叠加优势，创业团队成员具有单一创业人员所不具有的团队合作精神和群体奉献精神。

二、创业团队的类型和特点

（一）星状创业团队

1. 星状创业团队的概念

星状创业团队在诞生之前，就有一个核心人物，这个核心人物的创业理念形成创业团队的思想，成员也由他来选择，创业团队的成员主要充当支持者的角色，因整个团队恰似众星拱月，所以取名为星状创业团队。

2. 星状创业团队的特点

（1）组织结构紧密，向心力强。

（2）决策程序简单，效率较高。

（3）权力集中，失误风险较大。

（4）不顺从组织者，只能离开。

（二）网状创业团队

1. 网状创业团队的概念

网状创业团队的成员在创业之前就存在密切的关系，往往是同学、亲友、同事、朋友等。一旦达成共识，他们便共同创业。在网状创业企业中，没有权威，每个成员都有各自的角色定位。

2. 网状创业团队的特点

（1）团队没有明显核心，结构较为松散。

（2）通过沟通和讨论达成共识，效率低。

（3）团队成员地位平等，形成多头领导。

（4）借助协商化解冲突，不会轻易离开。

三、创业团队的角色定位

一般来说，一个理想的创业团队需要九种角色：一是栽培者，重在解决难题，富有创造力和想象力；二是资源探索者，重在发掘机会，增进联系；三是协调者，重在阐明目标，合理分工；四是塑形者，重在激发成员活力；五是监控者，重在做出正确选择；六是团队工作者，重在防止摩擦，平息争端；七是贯彻者，重在将想法变为行动；八是完成者，重在按时完成任务；九是专家，重在提供专业的知识与经验。

四、创业团队的组建

（一）确定创业目标

在组建创业团队之前，首先需要明确创业目标。创业目标是创业团队组建的基础，只有明确了创业目标，才能有针对性地寻找合适的人才。同时，创业目标也是创业团队成员之间沟通的基础，只有明确了创业目标，才能保证团队成员的共同目标一致。

（二）招募合适人员

创业团队的规模不宜过大，最初以 2 ~ 12 人为佳。招募创业团队成员主要通过筛选的方式完成。招募的创业团队成员应具备以下特征：一是明确创业方向，志同道合，值得信赖；二是充满激情，善于合作，心理承受能力强，具有奉献精神；三是有助于形成合理的性别比例与年龄层次。

（三）构建团队制度体系建设

1. 约束制度建设

强化约束制度建设，旨在引导创业团队成员的行为趋于合理。约束制度主要包括纪律条例、组织条例、财务条例、保密条例等。

2. 激励制度建设

强化激励制度建设，旨在充分调动创业团队成员的工作积极性。激励制度主要包括利益分配方案、奖励制度、考核标准、激励措施等。

五、创业团队的运行机制

（一）创业团队的组织机制

1. 共同的意愿

意愿是凝聚创业团队的重要因素。在这方面，必须强调志同道合、志趣相投。离开了共同的意愿，团队成员之间不仅无法形成相辅相成的互补关系，而且很容易出现内耗。

2. 团队成员的角色

随着创业的深入进行，创业团队成员的角色会逐渐定型。有的成员偏向技术，有的成员偏向经营，有的成员偏向管理，有的成员偏向销售。由于思维方式的差异，有些人更加内省，有些人则更加外放。

（二）创业团队的学习及知识共享机制

1. 目标一致

创业团队成员应当拥有共同的创业目标，并愿意为这个共同的创业目标付出自己的资源和精力。有时候，创业团队成员容易接受团队的共同意愿，但加入团队的目的却不尽相同。这就需要团队的组织者予以协调。

2. 知识共享

在创业团队中，每个成员都担当不同的角色。总体而言，可将团队成员分为建议者、协助者、调和者、执行者。无论什么角色，都要注重知识共享。这不仅有助于每个成员的全面发展，也有助于成员之间的互相理解。

3. 协同共振

创业团队成员通过高效沟通，进行协同工作，最终达到协同共振的效果，实现团队绩效的最大化。为此，必须明确创业团队成员的岗位职责，必须完善各类考核制度，最大限度地抑制创业团队成员的不规范行为。

六、创业团队的管理

（一）核心创业者的领导才能

在创业过程中，核心创业者的领导才能至关重要。一般来说，创业团队的核心领导者必须具备以下才能：一是凝聚力强；二是善于合作；三是专业知识与专业技能全面；四是拥有长远目标；五是追求价值创造；六是处事公正。

（二）核心成员所有权分配机制

确定好创业团队成员后的关键问题是决策成员的工作分工与所有权分配。前者影响团队业绩，后者决定团队稳定。确定所有权分配应遵循三大原则，即重视契约精神原则、贡献决定权利原则、分配所有权比例控制权与决策权统一原则。

（三）团队内部的冲突管理

任何一个团队都可能出现冲突，都需要进行冲突管理，创业团队也是如此。为此，必须采用激励手段，引导创业团队成员感受知识分享与创业成功的关系，感受自身业绩与自身收益的关系，尽量化解创业团队内部的冲突。

第四节　创业领域选择与机会识别

一、创业领域选择

（一）创业领域调查

选择创业领域之前，必须进行市场调查，搜集相关资料。如果对相关领域的情况一无所知或知之不多、知之不详，就很难拥有创业成功的胜算。当然，也不能不计成本地进行长期的、复杂的调查，尤其是大学生初创者，不可能有这样的时间和条件。一般来说，对创业领域的调查重点应当是相关领域的发展现状、市场前景、竞争态势、未来趋势、国家政策等。

（二）创业领域选择主要考虑的问题

在进行创业领域选择时，主要应考虑三个问题。一是创业领域的发展前途。发展前途光明的领域往往存在较大的生存空间和发展空间；相反，那些发展前途黯淡的领域就不适合涉足。二是创业领域进入的时机。进入时机成熟，你就能轻而易举地站稳脚跟；相反，就会冒很大的风险。三是自己对创业领域是否熟悉。一般来说，创业应选择自己熟悉的领域，尽量不要选择自己陌生的领域。

（三）选择创业领域的原则

1. 选择趋势性好的朝阳产业（产品）

所谓朝阳产业（产品），是指该产业（产品）在未来十年中将很有前景、很有市场，将被消费者广泛认可。大多数创业成功者往往是因为具有超前的眼光，选择了前景光明的朝阳产业，才取得令世人瞩目的成绩。

2. 选择市场空间大、竞争对手少的行业

很多人选择创业行业时，习惯于随大溜。这是不理智的，因为这些行业往往已经饱和，没有了太大的市场空间，却有着众多的竞争对手。与其这样，不如选择那些市场空间大、竞争对手少的领域。只要你抢先一步，就可能领先一路。

3. 选择市场需求量大的行业

有时候，竞争者众多也未必不能选择，但前提是市场需求量更大。7－11便利店生意很好，每家分店都卖茶叶蛋。据不完全统计，每年光茶叶蛋的利润就有1.08亿元。这就是“量大能赚钱”的道理。

4. 选择投资少、利润高、回报高的行业

薄利多销能赚大钱，这是众所周知的。如果两款同类产品，投资相同，销售量相同，但利润不同，那么经营利润高的产品就能赚更多的钱。所以，在可能的情况下，最好选择那种投资少、利润高、回报高的行业。

5. 选择售后服务少的行业

如果选择了需要长期提供售后服务的行业，就要付出很多时间和精力。售后服务通常是不赚钱的，但为了留住客户、维护信誉，就必须随时准备提供服务。

6. 选择自己熟悉的行业

选择自己熟悉的行业，往往驾轻就熟，而选择自己不熟悉的行业，就等于增加了一道门槛、一项挑战。如果不明就里地进入自己不熟悉的行业，会浪费很多宝贵的资源。

7. 选择退出成本低的行业

有些行业，退出成本很高，因而风险很大。例如，一旦退出，相关的存货难以处理，相关的设备无法安置。因此，应尽量选择退出成本低的行业，以便万一不得不退出该行业时不至于遭受太大的损失。

8. 选择能充分发挥自己优势的行业

创业与做人有相似之处，都要扬长避短。与其将时间和精力花在克服自己的短板上，还不如花在能进一步发挥自己优势的行业上。因此，如果你具备一定的人脉优势、行业经验，就最好选择相关的行业。

9. 选择与自己有资金匹配的行业

有的行业对资金需求很大，实力有限的创业者不宜涉足。否则，一旦失败，就可能无法承受。既然没有输的资本，为什么要贸然尝试呢？只有当自己拥有足够的资金之后，才能考虑这类行业。

（四）值得大学生创业选择的领域

1. 互联网领域

互联网领域为大学生创业提供了难得的机会。具体包括：碎片化市场中的“O2O”服务；垂直细分领域的各大互联网服务行业；消费服务领域的去中介化和去机构化。

2. 现代农业领域

作为我国国民经济的基础行业，现代农业得到国家很多政策上的支持，如补贴、保险、专项资金扶持、税收优惠等。大学生可在农业设施、规模养殖、休闲观光农业、绿色农业、现代农产品加工、现代农业服务方面选择创业。

3. 高科技领域

大学生群体普遍具有较高的文化水平，在掌握高新科技方面具有得天独厚的优势。大学生可从事软件开发、网页制作、网络服务、手机游戏开发等方面的工作。

4. 文化产业领域

文化产业属于新兴产业，近年来一直得到政府的大力推动。大学生可在文化创意、文化旅游、文化演出等方面进行创业。

5. 智力服务领域

大学生非常适合进入智力服务领域创业，而且比一般人更加游刃有余。事实上，许多大学生在校期间就已经从事家教工作，并取得了一些宝贵的经验。

6. 旅游领域

旅游无疑是一个热门行业。大学生有文化、有闯劲，能够接受各种新生事物，可以充分发挥自身优势，在旅游领域进行创业，并且大显身手。

7. 连锁加盟领域

统计数据显示，在同一经营领域，个人创业的成功率低于20%，而加盟创业的成功率则高达80%。因此，大学生可以借助连锁加盟的品牌优势和技术优势进行创业，应尽量选择启动资金少、人手要求低的加盟项目。

8. 养生养老领域

中国已经进入老龄化社会，老年人的数量不断攀升，各个年龄段的亚健康比例也越来越高，养生养老领域的客观需求非常巨大。因此，大学生在养生养老领域创业将大有前途，具体可选择休闲、度假、养生这三大领域。

二、创业机会识别与评估

（一）创业机会及特征

1. 创业机会的概念

所谓创业机会，是指在市场经济条件下客观存在的、有利于创业成功的因素，是一种既带有偶然性又能被创业者利用的契机。

2. 创业机会的特征

创业机会的特征主要有三个：一是普遍性，凡是有市场、有经营的地方，就必然存在创业机会；二是偶然性，创业者对创业机会的把握具有很大的不确定性，而且往往因人、因时、因地而异；三是消逝性，创业机会往往有一定的时空限制，超出这一时空范围，创业机会就可能消逝。

（二）创业机会的来源

1. 现有市场机会和潜在市场机会

现有市场机会是在现有市场中明显存在的、未被满足的市场需求，发现者众多，竞争日趋激烈。潜在市场机会是在现有市场中难以发现的、隐藏的、未被满足的潜在市场需求，发现难度大，蕴藏着巨大的商机。

2. 行业市场机会与边缘市场机会

行业市场机会主要来源于某个行业内的市场机会，容易发现，容易识别，但竞争极为激烈。边缘市场机会主要来源于不同行业之间的结合部，属于“夹缝”性质的真空地带，难以发现，难以识别，但成功率较高。

3. 目前市场机会与未来市场机会

目前市场机会主要来源于目前的市场环境中的机会。未来市场机会主要来源于未来的市场环境中的机会。

4. 全面市场机会与局部市场机会

全面市场机会主要来源于整体市场的未被满足的需求。局部市场机会主要来源于局部细分市场的未被满足的需求。

（三）创业机会的识别

1. 创业机会的发现

把握住创业机会，无形中就等于成功了一半。总结起来，创业机会的发现主要有四种方法。一是在变化中寻找机会，这些变化主要体现在：产业结构改善；科技进步；通信革新；政府放松管制；经济信息化、服务化；生活形态变化；人口结构变化。二是在“低科技”中寻找机会，典型的“低科技”领域主要包括运输、金融、保健、饮食、流通等。三是在特殊顾客的需求中寻找机会，善于发现特殊顾客群体的新需求，再进行有针对性的研究，就很容易成功。四是在众所周知的“苦恼事”中寻找机会，正因为是至今尚未解决的“苦恼事”，这里面的创业机会就非常多。

2. 创业机会的选择

创业机会的选择大致可以分两步走。第一步，选出适应社会的创业机会。一般说来，适应社会的创业机会具有五个特点：一是市场前景良好；二是能获取必备的关键资源；三是便于中途转换创业路径；四是能创造新的市场需求；五是商业风险一目了然且可以承受。第二步，选出适合自己的创业机会。为此，要反思四个问题：一是能否获得被他人控制的资源；二是是否具备足够的竞争能力；三是是否存在新增市场；四是能否承受相关风险。

3. 创业机会的把握

在创业机会的把握上，应从六个方面下功夫。一是关注问题。问题就是差距，差距就是需求，需求就是机会。事实上，许多创业机会都应从解决问题入手。二是关注变化。变化中蕴藏着无限商机，诸如产业结构调整、消费结构升级、思想观念转变、政府政策变化、居民收入增加等。三是关注技术。世界产业发展史告诉我们，几乎每一个新兴产业的形成和发展都是技术创新的结果。四是关注夹缝。要善于找出特定顾客的特殊需要，从中把握创业机会。五是关注政策。市场深受政策影响，新政策的出台都会引发新商机。六是关注对手。

对于竞争者的缺陷及失误，我们不能一笑了之，而应从中把握宝贵的创业机会。

4. 创业机会的评估

（1）市场评估准则

市场评估应遵循六个准则。一是市场定位。具体应关注市场定位是否明确、顾客需求分析是否清晰、顾客接触通道是否顺畅、产品是否持续衍生等。二是市场结构。具体应关注进入障碍、供货商、顾客、经销商、替代性产品、市场竞争等。三是市场规模。一般说来，市场规模大者，进入障碍低，竞争激烈程度也不会太高。四是市场渗透力。应选准最佳时机进入市场，自会顺风顺水。五是市场占有率。一般来说，至少拥有 20% 的市场占有率才有可能成为市场的领军人物。六是产品的成本结构。具体应关注物料与人工成本所占比重、变动成本与固定成本的比重、经济规模产量等。

（2）效益评估准则

效益评估应遵循四个准则。一是合理的税后净利。一般来说，能够创造 15% 以上的税后净利才属于极具吸引力的创业机会，税后净利低于 5% 就不属于好的投资机会。二是达到损益平衡所需时间。一般来说，合理的损益平衡时间应控制在两年之内。如果超过三年，就不值得投入。三是投资回报率。合理的投资回报率应超过 25%，低于 15% 的投资回报率不值得考虑。四是资本需求。创业初期，不宜募集大量资金，最好通过盈余积累的方式来创造资金。

第五节　创业项目选择与商业模式开发

一、创业项目的选择

（一）创业项目选择应遵循的原则

1. 要立足长远

创业不是一时的心血来潮，不能浅尝辄止，而要有长远的规划。只有从长远出发，才能清醒地意识到自己究竟在追求什么，才能清醒地意识到自己究竟还欠缺些什么。有了长远目标、长远规划，才能持之以恒，最终将理想变为现实。

2. 要注重创新

创业投资并不是想当然地盲目投资，它实际上对项目的可行性有着近乎苛刻的严格要求。如果一个创业计划立意平平，毫无独特之处、毫无创新之处，就不可能打动人心，自然不会有人来投资。

3. 要认定前景

一般来说，创业项目一定要有良好的市场前景。这就需要在进行创业项目的选择时，潜心做好相关的市场调查与市场预测，把握创业项目所属行业的现状与发展趋势、消费者的需求与竞争者的态势等。

4. 要符合政策

无论选择什么创业项目，都要符合国家政府的大的产业导向。换句话说，就是要选择国家政府出台了扶持政策的发展领域的项目，只有这样，创业成功的机会才会更大。

5. 要具备特色

创业项目一定要有与众不同的特色，这一点至关重要。可以从四个方面加以理解：一是拥有别人所没有的；二是比别人先发现的；三是与别人不同的；四是同等条件下比别人优越的。

6. 要知己知彼

从某种意义上讲，创业活动既是游戏，也是战斗。说它是游戏，是因为创业活动与游戏非常相似，不仅有竞争对手，而且还得战胜竞争对手。说它是战斗，是因为在市场竞争中，有时确实存在企业的生死存亡问题。因此，知己知彼至关重要。

7. 要量入为出

很多创业者凭着创业激情，对自己的财务问题缺乏理智的分析，以致入不敷出，最终惨淡收场。既然是创业，就要讲究细水长流，就要注重量入为出。在实现真正意义上的发展之前，生存始终是第一位的，而财务危机永远不可轻视。

8. 要“短平快”

在创业初期，往往缺资金、缺场地、缺设备、缺人手，几乎样样都缺。在这种情况下，最适合选择“短平快”的项目，迅速度过“初始危险期”，尽快进入良性循环。即使将来被迫退出或转向，也可以更从容一些。

（二）创业项目选择的思路

1. 优先考虑政策优惠的项目

为了鼓励大学生创业，各级政府和行政主管部门都出台了一系列优惠政策，有些还专门针对一些具体行业。因此，大学生创业者完全可以从自身实际出发，优先考虑那些政策优惠的项目。

2. 优先考虑技术性较低的项目

刚开始创业，重在积累经验，重在生存下去。因此，尽量不要一开始就进入研发成本高的高科技行业。可以优先考虑那些技术性较低的项目，在成功地积累了必要的资金之后，再考虑转入高科技行业。

3. 优先考虑处于成长期的项目

很多大学生创业者往往选择新开发的、毫无市场基础的项目，认为这类项目很有发展前途。但是，他们忽视了这种选择的巨大风险是自身难以承受的。因此，不如优先考虑那些处于成长期的项目，既能降低风险，又能获得较大的利润空间。

4. 优先考虑有特色的项目

这里所说的有特色的项目，可以理解为别人所没有的、与众不同的、比别人先发现的、比别人更有优势的项目。选择这类特色项目，既可以避免同质化竞争的困境，又能提升产品的辨识度和认知度。

5. 优先考虑初始投入资金较少的项目

大多数创业者在创业之初，都存在资金短缺的难题。尤其是大学生创业者，更应优先考虑初始投入资金较少的项目。只有这样，才能确保创业之后企业正常运转，才谈得上后续发展的问题。

6. 优先考虑雇用人力较少的项目

大学生创业往往面临管理经验欠缺的难题。如果一开始就管理很多员工，往往会引发一系列问题，徒然增加创业的难度。因此，大学生创业者应优先考虑雇用人力较少的项目，逐步积累管理经验。

（三）创业项目选择的步骤

1. 项目初选

所谓项目初选，是指从众多备选的创业项目中，按照某种标准进行比较，进而初步选定若干个意向性的创业项目。

2. 进行项目可行性论证

所谓进行项目可行性论证，是指对初步选定的项目进行可行性研究。在这个过程中，将逐一研究每个项目的主要内容和配套条件，如市场需求、资源供应、建设规模、厂址选择、工艺路线、设备选型、生产组织、环节影响、资金筹措、财务分析、经济效益及社会影响等，从技术、经济、财务、社会、环境等方面论证每个项目的可行性和合理性。主要包括七个方面的内容：一是投资必要性；二是技术可行性；三是财务可行性；四是组织可行性；五是经济可行性；六是社会可行性；七是风险因素及其对策。

3. 项目评估

所谓项目评估，是指对可行性研究报告进行全面、详细的审核和估价，为项目的投资决策提供依据。实际上，项目评估报告提供的是可行性研究的结论和决策性建议，既包括可行性研究的关键问题，也包括可行性研究的基本结论。

4. 选定项目

通过可行性研究，再结合未来发展设想、可用资源、项目风险和项目之间的依赖性等因素，最终选定最符合要求的项目。

二、商业模式开发

（一）商业模式的概念

1. 商业模式的定义

所谓商业模式，是指企业为实现客户价值最大化，整合企业内外要素，形成完整、高效的具有独特核心竞争力的运行系统，最大限度地满足客户需求，实现客户价值，并达成持续盈利目标的整体解决方案。

2. 商业模式的内涵

商业模式的内涵就是要将投入商业运营的资源转化成社会产出。

3. 商业模式的赚钱逻辑

商业模式的赚钱逻辑就是从价值发现到价值匹配，再到价值获取的过程。价值发现就是要找到创业项目的真正价值。价值匹配就是要明确合作伙伴，实现价值创造。价值获取就是要制定竞争策略，占有创新价值。现实中，许多创业企业是创新技术或创新产品的开拓者，却并未成为创新利益的占有者。究其原因，就是这些企业忽视了对创新价值的获取，最终“竹篮打水——一场空”。

（二）商业模式的开发方法——价值链分析

创业者可借助价值链分析来进行商业模式的开发。具体可以重点关注以下问题：一是价值链的某项基础活动（如营销）；二是价值链的两个部分之间的结合处（如运营和外部后勤之间）；三是某项辅助活动（如人力资源管理）。

（三）商业模式的设计

1. 商业模式设计应遵循的原则

商业模式设计应遵循的原则有：必须能引客；必须能盈利；必须能自保；

必须能调整。

2. 商业模式设计要素

商业模式设计要素主要有九个：一是客户价值最大化；二是利益相关者结构；三是价值整合；四是管理高效率；五是系统思维；六是盈利模式；七是实现形式；八是核心竞争力；九是整体解决方案。

3. 商业模式设计的流程

商业模式设计流程包括：寻找市场需求；完成战略定位；建立盈利模式；形成核心能力；确定实现形式。

4. 商业模式的执行体系

商业模式执行体系具体包括五个方面的内容：一是实现手段，如产品经营、品牌经营、资本经营、人才经营等；二是实现途径，如虚拟途径、实体途径等；三是实现渠道，如直销渠道、总代理制式、联销体式、仓储式、专卖式、分公司制等；四是实现载体，如产品、服务、品牌、标准、思想等；五是实现内容，如营销模式、融资模式、管理模式、生产模式、扩张模式等。

第六节　创业项目计划书的编制

一、创业计划书概述

（一）创业计划书的概念

创业计划书又称商业计划书，它是企业、项目单位或个人在对项目进行调研、分析的基础上，按照固定格式和相关要求，向投资商及其他人员全面展示相关项目的状况及发展潜力的书面材料。从某种意义上说，创业计划书是创业的行动纲领和执行方案。

（二）创业计划书的作用

1. 帮助创业者厘清创业思路

完成了创业计划书的撰写，创业者就会对创业思路一目了然，知道如何创业，什么阶段做什么事，创业资源从何而来，选择哪个市场，竞争对手是什么情况，如何防范风险等。

2. 向投资者介绍创业项目的发展前景

投资者阅读了创业计划书，就能对创业项目的可行性、成功的可能性、市场前景、投资价值做出自己的判断。如果觉得项目发展前景不错，就会投资支持创业项目。

3. 阐明企业的投资战略

一般来说，创业计划书会对未来几年（如5年）的投资目标、投资政策和资金筹措使用进行详细的规划，明确企业的投资战略。

4. 降低犯错成本

创业中，犯错在所难免。创业计划书可以对未来创业具体怎么做、可能遇到哪些问题、如何应对各种风险进行有针对性的安排，因而有利于降低犯错的成本。

5. 完善经营理念

创业计划书集中反映了企业的经营理念。如果不完全符合投资人的经营理念，投资人一般会要求创业者进行完善。

6. 成为融资协议的组成部分

创业计划书明确融资渠道、融入的资金如何使用，因此是融资协议的组成部分。

（三）创业计划书的一般格式

创业计划书并没有固定格式，一般由四部分组成。

1. 封面

封面包括创业企业或项目名称、地址、联系方式、时间等。

2. 目录

目录是对创业计划书的核心内容的导读和检索。

3. 正文

正文是创业计划书的主体部分，具体包括执行摘要、企业基本情况、项目（产品/服务）介绍、市场分析、生产/服务管理、营销策略、组织管理、资金和其他资源需求情况、财务规划、风险分析等。

4. 附录

附录主要对创业计划书起到证明支撑作用，具体包括图表、数据、文字说明等。

二、创业计划书的编写程序与方法

（一）创业计划书编写程序

1. 编写的准备阶段

创业计划书涉及内容广泛，必须事先进行周密的安排，做好准备工作。具体应做好以下工作：一是确定创业计划的目的与宗旨；二是确定创业计划编写工作小组；三是制订创业计划的编写计划；四是确定创业计划的种类与总体框架；五是制订创业计划编写的日程安排与人员分工。

2. 资料准备阶段

在资料准备阶段，应始终以创业计划的总体框架为指导，围绕创业目的与宗旨搜寻各类资料。具体材料包括：创业企业所属行业的发展趋势；产品市场信息；产品测试；实验资料；竞争对手；同类企业组织机构状况；同类企业财务报表等。进行资料调查时，可采取两种方法：一是实地调查，获取创业所需的第一手资料，但需要较多的时间与费用；二是收集二手资料，方便易行，但可靠性相对差一些。

3. 创业计划的形成阶段

在创业计划的形成阶段，要完成两项任务：一是拟定创业执行纲要，重点是创业项目概要；二是草拟初步创业计划，具体分析市场竞争与销售、组织与管理、技术与工艺、财务计划、融资方案、创业风险等。

4. 修改完善阶段

在修改完善阶段，要广泛征求意见，最终提出一个相对理想的创业计划方案。

5. 创业计划定稿

创业计划定稿后，应印制成正式的创业计划文本。

（二）创业计划书的编写方法

关于创业计划书的编写，可采用以下具体方法：一是制订工作计划，井然有序地完成创业计划书的编写；二是始终围绕相关产品与相关服务展开，并全面评估产品与服务的创业价值；三是争取获得外部人员的指导与协助；四是不断修改创业计划书；五是针对目标读者来决定计划项目的侧重点。以第五点为例，创业计划书一定要有针对性，即风险投资商最关注市场增长与盈利性；战略伙伴与主要客户最关注的产品服务、市场、盈利及管理团队的运作能力；主要雇员、管理队伍最关注的创业公司的成功业绩及发展前景。

（三）创业计划书编写的注意事项

在编写创业计划书时，要注意四个问题。一是重点突出，注重时效。在创业计划书中，必须突出创业项目的独特优势及竞争力，所提供的相关资料要有时效性。二是使用专业化语言。涉及财务分析，要形象直观，尽量采用图表描述；涉及战略、市场分析、营销策略、创业团队，要规范地使用管理学术语。三是分工合作。创业计划书内容繁杂，往往需要分工完成。但分工完成之后，应由专人统稿，避免出现逻辑冲突、文风迥异等问题。四是详略得当。除了一般意义上的详略之外，还要对商业机密进行简化，防止泄密。

三、创业计划书的撰写

（一）执行摘要

创业计划书的执行摘要相当于对创业计划书的总体概括，不仅体现了创业计划书的全貌，而且浓缩了创业计划书的精华，方便读者在短时间内对创业计划书有一个大致的了解。

一般来说，执行摘要具体包括七个方面的内容：一是公司概述，如所属行业/企业的性质和范围、主营业务、企业合伙人与投资人等；二是市场前景分析，如市场定位、顾客定位等；三是产品和服务的特色；四是竞争优势与竞争策略；五是项目的商业价值和盈利能力预测；六是管理团队与管理手段；七是财务预测与投资需求分析。

撰写摘要时，一定要简明、生动。要具体说明企业的与众不同之处及企业成功的市场因素。在介绍企业时，应注意三个问题：一是说明创办企业的思路、理念形成过程、企业发展战略；二是说明企业的现状与过去、企业的经营范围；三是介绍创业者的背景、经历、经验、特长等。

（二）企业基本介绍

企业基本介绍的具体内容包括：公司概述，如公司名称、地址、联系方法等；公司主营业务；公司发展历史；对公司未来发展的预测；公司的竞争优势；公司的类别与隶属关系，如是合伙公司还是股份公司；公司的保险情况；公司的知识产权情况；公司的法律诉讼情况；公司的纳税情况；等等。

（三）项目（产品、服务）介绍

对于投资人来说，最关心的问题莫过于企业的产品、技术或服务能否解决实际问题，能否帮助顾客增收节支。因此，项目介绍是创业计划书的重要内容。一般来说，项目介绍应包括以下内容：产品名称；产品的性能及特性；产品的生命周期；产品的市场竞争力；产品的研发过程；产品的成本分析；产品的市场预测；产品的品牌和专利。在产品（服务）介绍部分，说明必须准确、通俗，并附上产品原型、照片，同时，要直接回答以下问题：顾客希望解决什么问题？顾客能从企业的产品中获得什么好处？企业的产品相对于竞争对手的产品有哪些优缺点？顾客为什么要选择本企业的产品？企业采取了哪些产品保护措施？企业拥有哪些专利、许可证？企业与已申请专利的厂家达成哪些协议？为什么企业的产品定价可产生足够的利润？顾客为什么会大量购买企业的产品？企业如何改进产品的质量、性能？企业对发展新产品有哪些计划？等等。

（四）市场分析与预测

1. 对市场需求进行分析与预测

对市场需求的分析与预测主要包括以下内容：一是市场对产品的需求；二是需求程度给企业带来的利益；三是新市场的规模；四是需求发展的未来趋向；五是影响需求的具体因素。

2. 对市场竞争情况及竞争格局进行分析与预测

对市场竞争情况及竞争格局的分析与预测主要包括以下内容：一是市场中的主要竞争者；二是有利于本企业产品的市场空档；三是本企业预计的市场占有率；四是本企业进入市场可能引起的竞争者反应；五是竞争者的反应对企业的影响。

（五）生产、服务管理

创业计划书涉及的生产、服务管理主要包括以下内容：一是现有生产方式；二是生产能力；三是采用的市场方式和工艺流程；四是人员配备；五是生产资金安排；六是资源及原材料供应；七是产品标准制定和质量、成本控制；八是包装与运输；九是生产能力扩建等。一般来说，关于生产、服务管理，必须正面回答以下问题：企业生产制造所需的厂房、设备情况如何？怎样保证新产品在进入规模生产时的稳定性和可靠性？设备的引进和安装情况如何？供应商有哪些？生产线的设计与产品组装是怎样的？供货者的前置期和资源的需求量有多大？怎样进行生产周期标准的制定及生产作业计划的编制？物料需求计划及其保证措施是什么？质量控制的方法是什么？等等。

（六）营销策略

在创业项目计划书中，营销策略应包括以下内容：一是市场机构和营销渠道的选择；二是营销队伍和管理；三是促销计划和广告策略；四是价格决策。

（七）组织管理

在创业项目计划书中，必须对组织管理进行具体说明：一是主要管理人员情况，如他们的能力、他们在企业中的职务和责任、他们的经历及背景等；二是公司结构，如公司的组织机构图、各部门的功能与责任、各部门的负责人及主要成员、公司的报酬体系、公司的股东名单、公司的董事会成员及其背景资料等。

（八）资金需求与其他资源需求情况说明

1. 资金需求说明

资金需求说明主要包括以下内容：一是应对创业资金需求所制订的计划；二是制订的融资方案；三是投资约定事项；四是投资方享受的监督与管理权力；五是需要对投资方说明的其他情况。

2. 其他资源需求情况说明

初始创业必须说明其他资源的需求情况及获得途径、获得方法等。

（九）财务规划

财务规划一般包括以下内容：一是创业项目计划书的条件假设；二是预计的资产负债表；三是预计的损益表；四是现金收支分析；五是资金的来源和使用。企业的财务规划应与创业项目计划书的假设一致。为此，财务规划中必须明确以下问题：产品在每个阶段的发出量有多大？何时开始产品线扩张？产品的生产费用是多少？产品的定价是多少？使用什么分销渠道？预期的成本和利润是多少？需要雇用哪几类人？雇用何时开始？工资预算是多少？等等。

（十）风险分析

风险分析应包括以下内容：一是企业自身限制，如资源限制、管理经验限制、生产条件限制等；二是创业者自身不足，如技术不足、经验不足、管理不足等；三是市场的不确定性；四是生产的不确定性；五是技术产品开发的不确定性；六是清偿能力；七是对核心人物的依赖；八是可能出问题的地方；九是财务收益的不确定性；十是针对各种风险而进行的风险控制与防范的对策等。

（十）附录

附录是对创业计划书涉及的相关问题的细节和证书、图表进行描述或证明，与创业计划书的主体部分一起装订成册。附录具体包括以下内容：企业的营业执照，公司章程，验资审计报告，税务登记证，高新技术企业（项目）证书，专利证书，鉴定报告，市场调查数据，主要供货商及经销商名单，主要客户名单，场地租用证明，公司及其产品的介绍、宣传资料，工艺流程图，各种财务报表及财务预估表，专业术语说明，等等。

备查资料一般列出清单即可，等资金供给方有投资意向时再具体查询。具体内容包括：营业执照，公司章程，验资审计报告，资信证明，法人代码证书，税务登记证，主要经理人员的个人简历，财务报表，财产估价证书和租约细节，专利证书、鉴定报告，市场调查资料，行业专家报告，按顾客分类的销售资料，产品成本资料，高新技术企业、高新技术项目证书，其他表明企业特点的资料。

第五章 创新创业教学案例

一、南宁学院“双创”教育融入人才培养全过程，激活创新创业源头活水

南宁学院自2012年明确应用型大学的办学道路，将“创业有能力”写进应用型人才培养目标，赋予创新创业教育第一课堂教育的地位，把创新创业教育视为应用型高校建设的突破口来开展各项工作。提出“创新创业+”专业教育的应用型专业教育改革方向，将创新创业有机地融入各个专业，促使其蜕变成新型的应用型专业教育。

（一）做好创新创业顶层设计

南宁学院高度重视创新创业顶层设计，在2016年7月成立了创新创业学院，形成由校长挂帅、教务处统筹、创新创业学院执行和服务、二级学院主落实，校办、学工处（团委）、财务处、人事处等部门齐抓共管的全面创新创业教育工作机制。学校启动了“金土地工程”“金园丁工程”“金种子工程”“春风计划”“春雷计划”“春雨计划”等系统工程，开展创新创业教育工作。

（二）深化创新创业教学改革

学校高度重视大学生创新创业能力培养，组织修订了大学生创新创业人才培养方案，严格落实职业教育“六个对接”和大学生创新创业教育的新要求，科学设置创新创业学分。根据实际需要，将技术技能教育与创新创业教育有机融合，增设了“创业基础课”“创新研发课”“创业项目课”，将大学生创新创业能力培养贯穿于人才培养的全过程，渗透到教育、教学、教研、教改的各个环节。自2014年开始，学校试点开设创业班，既培养创新创业人才，又探索

创新创业教育的新模式。创业班的学生都有强烈的创新创业意识，通过自主申报、合理选拔而单独组建。创业班的课程设计比较特殊，除必修的公共课外，创新创业的专业课程按创业班的教学方案来实施。创业班学生的学籍依然保留在原班级，教学方式比较灵活，重在突出创新创业实践能力的培养。学生的创业成果可作为课程考核成绩，并实现学分转换。

在创新创业教学改革中，形成了 QSRE 专创融合法和 ICS 情境教学法。QSRE 专创融合模型是总结了南宁学院实践经验提出的行之有效的专创融合模型；ICS 教学法是基于建构主义教学理论和南宁学院创新创业教育实际提出的一种深度情境教学方法，可以有效地进行创新创业知识和能力的学习，目前已经获得全国高等学校学生信息咨询与就业指导中心全国创业特色教材立项，正在进行教材的编制。

（三）创新创业课程建设

初步构建起创业普惠教育和创业精英教育相结合的创新创业教育课程体系。既保证每个学生都获得创新精神、创业意识和创新创业能力的熏陶和锻炼，做到有教无类，又能够让有创业意愿和创业能力的学生受到定制化的创业指导训练。创新创业课程体系由创新创业基础板块、创新创业进阶板块、创新创业实践及素质拓展平台三部分构成。其中“创新创业基础”作为公共必修课，前后经过 8 年的改革和实践，将课程设定为社会实践课，共计 64 学时，4 学分，其中理论 14 学时，实践 50 学时。通过红色筑梦实践、大创立项实践、专创融合实践、创业大赛实践，使学生具备家国情怀、掌握创业知识、锻炼应用能力的三大目标。该课程作为全国唯一入围决赛的创新创业课程，在首届全国高校教师教学创新大赛中获得国家级三等奖。另外，“创新创业基础”“五步法创新实践”“社会实践”这三门创新创业类课程均获得广西状族自治区级一流本科课程。

（四）创业师资建设

学校通过“金园丁工程”中的“梧桐树计划”引进来和“蒲公英计划”

走出去，推动“三师三能型”教师队伍的建设。

经过多年的创业师资队伍建设，学校已培养持有国家二级创业咨询师职业资格的校内导师 81 名，斯坦福国际认证导师 20 名，国际 TRIZ 一级认证导师 25 名，招聘企业家兼职导师 120 名。2021 年开展“金园丁工程”创业导师培训 9 场，增加国家二级创业指导师 30 名，国际 TRIZ 一级认证导师 8 名，DFP 认证导师 2 名。

（五）专创赛事

学校以建设“创新创业基础”金课为契机，打造“以赛促教、以赛促学、以赛促创、以赛促就”赛创一体的模式，全面进行创新创业教育改革，使大赛真正成了创新创业教育改革的抓手，取得了较为明显的成效。

近五年，南宁学院学生参加各类竞赛累计获得国赛奖项 506 项，省赛/区域赛奖项 2854 项；申请专利累计 332 项；在中国国际“互联网 +”大学生创新创业大赛中，共计获得国赛银奖 5 项、铜奖 17 项、区赛金奖 44 项。

（六）打造特色鲜明的创业实践活动

1. 创新创业系列品牌活动

学校加大创新创业教育改革，推动大学生创新创业实践，让学生在实践中培养创新精神、创业意识和创新创业能力。2021 年，有学校开展“来创吧”创新创业沙龙、28H 极限创业营、“设计人生”职业生涯规划工作坊等系列品牌活动，设立创新创业活动月，全校各二级学院联合开展富有专业特色的双创实践活动。通过实践，学生在创新创业能力培养方面，能够了解校外企业家的创业经验，获得新科技、新趋势带来的商业机会，开阔人生视野，优化职业生涯规划；在专业学科技能方面，能够关注专业相关学科领域的进展，更新学科的前沿知识，提升知识应用能力，增强应用科研的能力，练好自身的内功，为毕业后的高质量就业、商业创新创业、人生创业打下坚实基础。

2. 思创融合红色主题活动

学校投入 300 余万元建成的“英雄精神传承基地”，依托于英雄精神体验传承基地，开展“追寻红色印记”系列爱国主义精神宣讲、传承英雄精神活动。每年面向新生开展爱国主义教育活动，受到教育的学生累计达3800余人。学校开放爱国主义宣传及参观，一年来，接待中国关心下一代工作委员会、广西关心下一代工作委员会、地方统战部、退役军人事务局等党政机关部门代表及党支部等群体41次，参观人数达6101人。

学校依托“创新创业基础（社会实践）”课程，建立青年红色筑梦之旅实践团队，基于广西地域特色，开发广西特有的“青年红色筑梦之旅”路线，使学生既能够仰望星空，确立人生目标，又能脚踏实地，发现接地气的真实问题。目前已成功规划三条活动路线，分别为“振兴之旅”“公益之旅”“海丝之旅”三个主题，覆盖昆仑关战役纪念馆、刘永福故居等红色教育基地，涵盖金花茶、茉莉花等地方特色产业以及壮锦、坭兴陶技艺等非遗文化传承等实践内容，累计辐射人数达3000余人，使学生在社会实践过程中发现社会问题，学会思考，利用所学知识探索解决问题的方法，提升解决问题的能力。

南宁学院凭借对思创融合的不断探索，收获了丰硕的育人成果，光明日报、中国教育报等广大媒体都进行了报道。

在2021年6月11日第七届中国国际“互联网+”大学生创新创业大赛青年红色筑梦之旅活动启动仪式上，南宁学院“不惑青春”项目出现在全国青年红色筑梦之旅宣传片中。同年，在2021年“青年红色筑梦之旅”总结片中也出现学校项目团队的身影。

思创融合的典范项目“不惑青春”，以及专创融合的典型红旅项目“平桉菌工厂”均获得了中国国际“互联网+”大学生创新创业大赛的国赛银奖，同时收录于《中国国际“互联网+”大学生创新创业大赛指南》，其中“平桉菌工厂”为2021年广西唯一收录该指南的案例。

（七）媒体报道

中央电视台、中国教育电视台、中国教育报、央视网、新华网等多家权威媒体对南宁学院的创新创业教育进行了报道。其中，中央电视台介绍了南宁学院创新创业教育及思创融合典型项目“不惑青春”；中国教育电视台报道了南宁学院非遗文创创业项目“壮美微艺”；中国国际“互联网＋”大学生创新创业大赛指南收录了南宁学院多个创业项目案例；《光明日报》报道了南宁学院双创教育与思政教育相融合的新路径；《中国教育报》报道了南宁学院思创融合的育人成效；广西电视台新闻频道报道了南宁学院创新创业教育改革历程及成果；在广西壮族自治区教育厅主编的《广西高校创新创业教育改革发展报告》中，收录了南宁学院创新创业教育的教改经验、红色筑梦之旅经验以及思创融合典型项目案例等。

二、常州纺织服装职业技术学院“专创”融合，构建“双创”教育生态链

常州纺织服装职业技术学院（简称“常州纺院”）将创新创业教育融入专业教育，鼓励大学生在模拟创新创业中逐渐明晰自己的职业归属，引导大学生将目前的创业转化为未来的就业。经过多年的探索，常州纺院构建了一个“专业、职业、产业、就业、创业”相互衔接的“五业贯通”创新创业人才 4.0 培养模式，被确立为首批“江苏省大学生创业教育示范校”建设单位、首批“江苏省大学生创业示范基地”。此外，常州纺院开展的“百草根”创业实践活动荣获“教育部高校校园文化建设优秀成果奖”，连续承办十届的常州市创新创业大赛被团中央评为“全国中学生科技创新示范竞赛”，曾在历年“挑战杯”创新创业大赛中获得一等奖、二等奖等多项荣誉。

（一）创业课程，全员全程基因植入

赵凯执教于常州纺院的服饰品设计专业，在学校创客空间，他堪称文化创意领域的创业者。在实际教学中，他围绕各种实践项目展开教学，以作品代替作业，将作品变成产品，引导大学生了解市场需求、明确产品定位。他有一句口头禅：“创业一定要体现在专业技术与商业的结合之中。”

曹杰是常州纺院机电学院的学生。在他看来，创新创业课程为大学生创新创业提供了“沃土”。大学生不仅能将创新创业意识根植于心中，而且能在毕

业后迅速走上创新创业之路。

常州纺院构建的“双创”教育生态链，以创新创业课程为基础，是培养大学生创新创业意识、精神、能力的“第一层台阶”。常州纺院开设了44门网络课程，广泛涉及入门、进阶、大赛辅导等内容。此外，常州纺院精心设计“双创”教材，设计开发的《创新创业——理论、方法、实践、案例》被评为江苏省重点教材。常州纺院的课程体系在理论研究与实践探索中逐步优化，其横轴是大学生在校学习时间，其纵轴是大学生创新创业的知识和能力的增长。具体来说，大一重在“启蒙”上下功夫，大二重在“模拟”上下功夫，大三重在“实践”上下功夫，毕业后重在“服务”上下功夫。

（二）创业平台，分层递进创业实践

为进一步强化大学生创新创业实践，常州纺院打造了四个层次的实践平台：一是学子集贸城；二是创意梦工场；三是企业实训营；四是创业星街区。按照常州纺院的诠释，2001年开设的创新创业课程属于“双创”教育的1.0版，2008年被确认的“省大学生创业示范校”属于“双创”教育的2.0版，2012年设立的“大学生创业基地”属于“双创”教育的3.0版，如今打造的四个平台则属于“双创”教育的4.0版。

常州纺院的这四个平台各有特色。学子集贸城以百草根商贸集市为代表，是一种全仿真“现实商贸集市市场运营和管理模式”运作的零起步体验的商贸集市。在这里，大学生能够迅速熟悉市场经营的整个过程，逐步培养创新创业的意识、精神与能力。创意梦工场是一个特殊的实验区，旨在激发创意、研究项目。企业实训营围绕市场项目，结合企业实训和企业见习，最大限度地提升项目运行和经营管理的熟练度。至于创业星街区，就是常说的创业街，属于项目的成熟孵化区，也是真正面向市场之前的最后的操练场。

常州纺院积极打造各种实践平台，帮助大学生在实践中逐步形成创新创业的意识、精神和能力，进而完成创业规划，不断完善创业项目。当然，这样做更大的目的还是希望真正实现“专创”融合。

（三）创业服务，多方协同创新指导

众所周知，创业首先需要资金投入。作为在校大学生，无论思维多么超前、能力多么不凡，如果不掌握起码的创业启动资金，一切都只是镜花水月。针对大学生创新创业的资金需求，常州纺院设立了支持大学生创新创业实践的“四驾马车”：一是创业银行；二是创业诊所；三是创业导师；四是创客联盟。其中，“创业银行”由常州纺院与常州市劳模创业者协会、常州市纺织行业工会联合共建，主要用于支持常州纺院在校大学生创新创业项目的启动。

常州纺院的苏爽同学成立了“心山己”服饰有限公司，急需资金支持。于是，在办理相关的申请手续后，他获得“创业银行”首批创业贷款5万元，创业项目很快落地生根。一年后，他申请到第二次创业贷款，顺利完成了企业的转型发展。

“创业银行”的主要资金来源是常州市劳模创业基金，每年投资额达100万元。为有效管理、严格监督，常州纺院专门成立了管委会，全程监督贷款的审批、发放和使用，确保“创业银行”良性循环。通过实践探索，目前“创业银行”的涉及范围已不断延伸，逐步形成校园创客贷、工商注册登记、金融法律咨询、产品转化、风投对接这五大服务，“创业银行”已经演变为融合产品创意、产品创新、创业扶持的全流程校园创业服务指导载体。

三、湖南理工学院构建面向“三创”能力培养的设计类专业校企协同育人新模式

大量实践证明，校企协同育人是地方应用型大学开展“三创”（创意、创新、创业）教育的必由之路。大学生的“三创”能力不仅关系到大学生未来的人生发展，而且直接关系到国家创新水平的持续提升。因此，大力培养具备“三创”能力的人才，是高等教育学院义不容辞的重要使命。

近年来，湖南理工学院美术与设计学院设计类专业以协同治理理论为指导，多维度地丰富实践育人资源，逐渐形成了面向“三创”能力培养的设计

类专业校企协同育人新模式，并取得了显著成效。

（一）创新人才培养理念

当前，高校设计类专业人才培养供给侧和产业需求侧在客观上存在着“两张皮”的问题。其具体表现在：一是培养模式上知行分离；二是校企深度融合不到位；三是培养方法单一；四是实践教学体系不完善；五是培养个性化不足；六是大学生“三创”能力不强。毫无疑问，这些问题已经成为导致设计行业供需不符的关键瓶颈。

针对这些瓶颈，由万长林教授领衔的湖南理工学院设计类专业教学团队很早就开始关注我国设计类行业人才培养问题。在长期的实践中，该团队根据设计行业的发展趋势和人才培养的目标规划，提出了“面向‘三创’能力培养的设计类专业校企协同育人”的新模式。在此基础上，进行了系统的理论研究和丰富的实践探索，实现了设计类专业应用型人才目标的科学定位，搭建了“校企”协同育人平台，在一定程度上达到了提升人才教育培养质量的目的。

（二）优化实践教学新体系

学院确立了与企业行业协同育人的新机制，实现了学院专业与地方企业行业的精准对接。校企双方精诚合作，在制订人才培养方案、组建教学管理团队、开发课程项目和教材、执行教学计划、优化培养质量监控机制等方面，均形成了“共建、共生、共融”的育人长效机制。学院精心选择人才培养质量这个突破口、切入点，围绕“三创”能力培养目标，构建了“校企协同育人实践教学体系”。课程模块与校企协同育人对应，课程学分科学合理，有助于培养大学生的人文素质、职业素养，有助于提升大学生的知识应用能力、“三创”能力。学院开设了创新创业、学科竞赛、专题设计等特色课程，并形成“岳州窑产品创新设计”“环洞庭湖景观设计”等项目。

实践课程体系主要具备三大特性：系统性、完整性、特色性。这就为地方高校实践教学体系构建提供了新思路，也彻底解决了大学生实践训练不足的老大难问题。校企双主体均得到激活，协同培养逐步提升。

（三）构建校企协同育人新模式

“面向‘三创’能力培养的设计类专业校企协同育人新模式”圆满地化解了大学生“三创”能力不足这一现实难题，必将在高等教育领域产生深远的影响。

在理论研究和实践探索的推动下，学院学生的“三创”活动成绩斐然，先后获得国家级及省级“三创”活动奖项500余个。在“全国第二届大学生艺术展演活动”中，学院学生获全国一等奖6项、二等奖3项、三等奖2项，获奖总数位居全国高校前列；学生独立编著图书9部，获得专利1项，独立发表学术论文30余篇，发表设计作品90余件，其中400多件学生作品被企业采纳。应届毕业生的就业率超过98%。

参考文献

［1］吴金秋．中国高校“融入式”创新创业教育［M］．哈尔滨：黑龙江人民出版社，2013.

［2］石丹林，谌虹．大学生创业理论与实务［M］．北京：清华大学出版社，2012：93－94.

［3］苏霍姆林斯基．给教师的建议［M］．杜殿坤编译．北京：教育科学出版社，2005.

［4］斯特弗．P. 教育中的建构主义［M］．高文，等译．上海：华东师范大学出版社，2002.

［5］王红胜，黄应娥，吴慧．设计专业与创新创业相融合的人才培养路径探索［J］．高教学刊，2020（35）：164－167.

［6］黎青青，王珍珍．创新创业教育综述：内涵、模式、问题与解决路径［J］．创新与创业教育，2019，10（01）：14－18.

［7］钟志华，周斌，蔡三发，许涛．高校创新创业教育组织机构类型与内涵发展［J］．中国高等教育，2018（22）：15－17.

［8］郑跃军．高校“五化三平台”创新创业教育体系的研究与探索［J］．科教文汇，2018（1）：45－46.

［9］许经勇．以新发展理念引领现代化经济体系建设［J］．湖湘论坛，2018（3）：96－103.

［10］郝连科，鲁琪．“互联网＋教育”的创新模式构建研究［J］．长春大学学报，2017（4）：74－78.

［11］郭艳丽．推动大众创业万众创新的举措［J］．企业改革与管理，2016（16）：208－208.

［12］孙睿．论高校创新创业应用型人才培养中教师的素养［J］．才智，2016（21）：1.

［13］高扬，付冬娟，邵雨．我国创新创业教育政策历史演变、合理性分析及建议［J］．创新与创业教育，2015，6（06）：18－22.

［14］张冠蓉．高校创新创业人才培养的协同机制研究［D］．山西：山西大学，2017.

［15］许德涛．大学生创新创业教育研究［D］．济南：山东大学，2013.

［16］段美．大学生创业能力培养问题研究［D］．保定：河北农业大学，2011.

［17］国务院办公厅．关于深化高等学校创新创业教育改革的实施意见，国办发〔2015〕36号.